co... obtener

su

# Visa EB-5

## Green Card

### de inversionista

**Alejandro Mena**

*Este libro muy especialmente lo dedico para la mujer que lleva más 42 años de su vida compartiéndolos diariamente conmigo*

*Mi Querida Esposa*
*Martha Catalina Gómez*

Y como no dedicarlo para mis tres grandes amores que ella me dio, nuestros Hijos, Kathy, Alex y Judith, Mena Gómez

También para los amores del abuelo (que soy yo), que llegaron a darle ánimo y alegría a mi vida

Alan, Sebastián y Jacqueline, San Miguel Mena

## VISA EB-5 DE INERSIONISTA, CON DERECHO A TARJETA BLANCA GREEN CARD, INVIRTIENDO EN SU PROPIO NEGOCIO, O HACIÉDONSE SOCIO DE UNO EXISTENTE.

Aquí encontrará la información necesaria para inmigrar a los Estados Unidos en calidad de inversionista, ya sea instalando su propia empresa o solo invirtiendo en una ya existente. Paso a paso verá como tramitar su petición de visa de inmigrante, ya sea con $500,000 o $1;000,000 de dólares que invertirá en su propia empresa y la cual usted dirigirá y creará 10 nuevos empleos de tiempo completo. Haciendo la inversión tendrá derecho a recibir su Visa EB-5 y su Tarjeta Verde (Green Card) de Residencia Legal Permanente para usted, su cónyuge y sus hijos solteros menores de 21 años, al principio le será otorgada con la condición, que dentro de los primeros 2 años, cumpla con la creación de 10 empleos nuevos en su negocio, entre otras cosas.

## INVIRTIENDO EN UN CENTRO REGIONAL

## VISAS DE INVERSIONISTA EB-5 GREEN CARD

Le diré como obtener su residencia legal permanente, mediante la inversión de su dinero en un Centro Regional. Los Centros Regionales, son negocios, empresas, autorizados por las autoridades de inmigración el USCIS, para que personas físicas del extranjero lleguen a los Estados Unidos e inviertan en ellas y adquieran el derecho a recibir su Visa EB-5 con derecho Tarjeta Verde (Green Card) de residencia legal permanente. La inversión deberá ser de $500,000 o $1,000,000 de dólares. El Centro Regional se encargará de la creación de empleos necesarios y de la aplicación de su inversión en algún proyecto de desarrollo, que incrementará la economía del país, en una zona determinada. Comúnmente con que invierta solo 500 mil dólares es suficiente.

*¿Sabe Usted Que...*

- ✓ Puede vivir, y si quiere trabajar legalmente en Estados Unidos, ingresando como inversionista?

- ✓ Como inversionista tiene el derecho a que lo acompañe su cónyuge he hijos menores de 21 años solteros?

- ✓ Puede llegar a ser ciudadano americano después de cinco años de ingresar como inversionista residente legal?

- ✓ Las visas en los consulados tienen que ser tramitadas por el interesado personalmente?

- ✓ Usted mismo podría tramitar su Visa y su Tarjeta Verde (Green Card)?

- ✓ No es de imperiosa necesidad que contrate un abogado?

- ✓ En la página web de USCIS www.uscis.gov encuentra gratuitamente las formas y toda la información necesaria para hacer sus trámites?

## IMPORTANTE

Fines informativos de este libro

Lo expuesto en este libro representa la opinión del autor y no es aplicable a todas las situaciones. Aunque alguna situación suya parezca muy similar, puede tener muchas diferencias en algunos aspectos legales. Además las leyes y los reglamentos de inmigración están en constantes cambios, por lo que tomando en cuenta la fecha en que se escribió este libro y la fecha de su publicación, posiblemente algunas cuestiones pueden haber cambiado. Por lo tanto el autor y la editora, no se hacen responsables de las acciones tomadas por los lectores en base a lo que leyeron aquí. Cada lector debe tener mucha precaución al aplicar todo lo descritos en este libro en sus circunstancias personales. Nuestra recomendación es que consulte un profesional en la materia, antes de tomar cualquier decisión. Use su sentido común y tenga cuidado.

Tenga en cuenta que el material indicado en este libro se proporciona únicamente con fines informativos y no constituye un asesoramiento legal. El asesoramiento legal debe proceder únicamente de un abogado o representante jurídico.

INDICE

# Capítulo First - VISTA GENERAL

# Capítulo Second - CENTRO REGIONALES

# Capítulo Third – FORMULARIO I-526

## Capítulo Fourth – PROCESO CONSULAR

## Capítulo Fifth - ENTRANDO A LOS ESTADOS UNIDOS

## Capítulo Sixth FORMULARIO I-485 AJUSTE DE ESTATUS

Prefacio

Los Estados Unidos tienen las puertas abiertas para toda persona que quiere invertir y crear fuentes de empleo, mejorando así la economía del país, ya sea creando un nuevo negocio o invirtiendo en uno ya existente. Después de cumplir con ciertos requisitos, entre ellos justificar haber adquirido legalmente el dinero, se le otorga una visa de entrada y en seguida una tarjeta verde de residencia permanente.

Muchos quieren emigrar a los Estados Unidos para cumplir su sueño americano, para que su familia tenga una mejor calidad de vida, que sus hijos estudien en mejores escuelas, en mejores universidades, pero no saben por donde empezar. Otros quieren solamente invertir su capital o expandir sus empresas hacia USA, pero no tienen idea de como comenzar. Quiero mostrarle en este libro, paso a paso, como puede tramitar usted solo su Visa EB-5 de inversionista y su residencia legal permanente, es decir obtener su tarjeta verde mejor conocida como "Green Card". y ahorrarse muchísimo dinero.

Para ingresar al País se le requerirá de la Visa EB-5 de Inversionista, que es la quinta categoría en visas mediante el empleo, y al momento de entrar se le otorgará su Green Card (Tarjeta Verde), que representa la residencia legal permanente.

El invertir, no es exactamente como comprar un ticket de ingreso a los Estados Unidos, hay que cumplir con ciertos requisitos legales, entre otros invertir un monto mínimo de $500,000 dólares americanos, en algún área rural o de alto desempleo, o $1;000,000 de dólares en cualquier otra parte, y en algunos casos estar al cuidado del negocio, aunque no necesariamente tener el control del mismo.

Aquí le mostraré como ser elegible para una tarjeta verde (Green Card) mediante inversión y como obtenerla.

Si en este libro no encuentra respuesta a algunas de sus dudas, no dude en comunicarse conmigo y con mucho gusto trataré de ayudarle. Mis datos de contacto lo encontrará en mi página web www.alejandromena.com

El Autor

# Capítulo First

Vista General

## I.   Residencia Permanente

Para obtener su residencia permanente en los Estados Unidos, es decir para obtener su Tarjeta Verde mejor conocida como Green Card, existen cinco formas diferente:

1. Mediante la Familia.

2. Mediante el Asilo.

3. Mediante Lotería.

4. Por Leyes Especiales del Congreso.

5. Mediante el Empleo.

Y mediante el empleo mejor dicho "en Base al Empleo" tenemos cinco categorías:

EB-1 Usted trabaja para alguien; Personas con extraordinarias habilidades en las artes, la ciencia, la educación, los negocios, atléticas.

EB-2 Usted es empleado; Profesionales con altos grados académico, y habilidades extraordinarias.

EB-3 Es Trabajador; Profesionales y trabajadores especialistas.

EB-4 Es Trabajador; Especiales inmigrantes como los trabajadores religiosos.

EB-5 Es Patrón. Usted necesita crear fuentes de empleo, invirtiendo 500 mil o 1 millón de dólares.

**Nacimiento de la Visa EB-5 de Inversionista**

En el años de 1990, a fin de estimular la economía del país y la creación de empleos mediante la inversión de capital extranjero, el Gobierno de los Estados Unidos creo la Visa EB-5 de inversionista. Esta nueva categoría de visa, requería que el inversionista extranjero de cualquier país, llegara a los Estados Unidos y:

➢ Creara una nueva empresa comercial invirtiendo $1;000,000 -un millón de dólares-.

➢ Que estuviera activo en el negocio, es decir trabajara, personalmente en el.

➢ Y que en un lapso de dos años creara 10 empleos directos W-2, para trabajadores de los Estados Unidos, sin incluir en ese número al inversionista y a sus familiares derivados.

Haciendo la inversión mencionada anteriormente, tenía derecho a recibir su residencia legal permanente condicional (su Green Card) por 2 años. Y dentro de 90 días antes de cumplirse los dos años, tenía que justificar haber cumplido con todos los requisitos para poderle quitar la condición de residencia y quedar como residente legal permanente.

Si en el lapso de los dos años el inversionista no cumplía con la inversión y la creación de empleos, el gobierno tenía el derecho de solicitarle su salida de los Estados Unidos o deportarlo.

En el año de 1993, viendo el gobierno que muy pocos solicitaron la visa desde su creación, por ser difícil para los inversionistas extranjeros cumplir con todos los requisitos, el congreso amplió y mejoró las condiciones, reduciendo el monto de inversión a $500,000 dólares, para aquellos que invirtieran en un área rural o de alto desempleo y, creando el "Programa Piloto de Centro Regional" en donde se dan facilidades a los inversionistas para invertir, permitiéndoles:

- ➤ Invertir $1;000,000 o bien $500,000 en una unidad económica pre-aprobada por el USCIS denominada "Centro Regional".

- ➤ Los Centros Regionales, son empresas constituidas en una área determinada, y un campo especifico de mercado.

- ➤ El Centro Regional adquiere la responsabilidad de manejar el dinero de la inversión y crear 10 empleos directos, indirecto, o inducidos, para trabajadores de los Estados Unidos.

- ➤ No estar activo directamente el inversionista en el negocio.

- ➤ El inversionista recibirá su residencia legal permanente condicional (Green Card) por dos años, y después de ese tiempo si justificó la creación de empleos, se le quitará la condición y será residente legal permanente.

Mediante el Programa EB-5, queda claro que usted tiene el derecho de:

- • Invertir ya sea en un negocio propio, o en un centro regional.

- • Crear un nuevo negocio, o comprar uno ya existente.

- • Invertir la cantidad de 1 millón, o 500 mil dólares en un área específica.

## Beneficios de ser Residente Permanente y/o Ciudadano Americano

- Mejor Calidad de Vida

- Colegiaturas gratis en las escuelas públicas para los niños.

- Tarifas de cuotas bajas para residentes en la escuelas de educación superior.

- De las mejores Universidades en el mundo.

- Beneficios médicos y de Gobierno.

## El Inversionista

Cualquier extranjero pueden solicitar en los Estados Unidos el estatus de residencia permanente, es decir pedir una Tarjeta Verde mejor conocida como "Green Card", basándose en la elegibilidad para la Visa EB-5 de inversionista, ya sea que vaya solos o con su cónyuge y sus hijos solteros menores de 21 años.

Quienes cumplen con los requisitos son aquellos que han invertido, o se encuentran dedicados activamente al proceso de invertir, la cantidad necesaria de capital en un negocio. Deberán demostrar además que esa inversión será beneficiosa para la economía de los Estados Unidos y que creará el número de empleos a tiempo completo que se exige para las personas cualificadas dentro de los Estados Unidos.

No importa de que país vengan, aunque debido a ciertos fraudes anteriores, las autoridades de inmigración, ponen más atención a ciudadanos de ciertos países.

No hay necesidad que usted tenga algún entrenamiento o experiencia en el negocio que va a iniciar. Solo debe demostrar que cuenta con el dinero, y que ya invirtió o esta en el proceso de invertir en el negocio.

## II.    Vista Rápida del Proceso

Rápidamente le mostraré en cinco pasos, la forma de tramitar su Green Card mediante una inversión. En este caso no se requiere que alguien haga la petición por usted. En la mayoría de las solicitudes de Green Card, se requiere que alguien lo pida. En este caso no se necesita. Usted por sus propios derechos hará la petición y los pasos a seguir son los siguientes:

> ➢ Primer Paso. Usted enviará por correo al Centro Regional de Servicios del USCIS, su solicitud de inmigrante, (Formulario I-526), justificándoles que ha hecho o esta en proceso de hacer una inversión calificada en un negocio dentro de los estados Unidos.
>
> Si cuando presenta su solicitud, el numero de aplicaciones ha sido mayor a la cantidad de visas dispuestas para ese año fiscal, (10,000), quedará en una lista de espera hasta que haya una visa disponible, en el orden conforme a la fecha de presentación de su solicitud. (Afortunadamente nunca se ha llegado a solicitar más del numero de visas anuales)

➢ Segundo Paso. Después que su solicitud de inmigrante ha sido aprobada, y hay visa disponible, usted y sus acompañantes, si residen en los Estados Unidos presentarán en las oficinas del USCIS, el Formulario I-485 solicitud de ajuste de estatus a residencia legal permanente (Green Card).

➢ Tercer Paso. Sin embargo, si usted y sus acompañantes residen fuera de Estados Unidos, para ser admitidos, solicitarán su Visa EB-5 de inmigrante en un consulado o embajada, de preferencia el más cercano y competente a su lugar de residencia, presentando el Formulario DS-260, Solicitud para Visa de Inmigrante y Registro de Extranjeros.

➢ Cuarto Paso. Después que su petición I-485 sea aprobada o bien que entra a Estados Unidos con una su visa de inmigrante EB-5, se le concederá la residencia permanente condicional a usted y a sus familiares derivados acompañantes por un periodo de dos años.

➢ Quinto Paso. Remoción de Condiciones. Noventa días antes de que se cumplan dos años de habérsele otorgado el estatus de residente permanente condicional o sea haber recibido su "Tarjeta Verde", debe presentar el Formulario I-829 denominada "Petición de Empresario para Remover Condiciones de Residencia al Inversionista y sus Familiares Derivados". Escriba solo la dirección del residente condicional en el Formulario I-829. Si el USCIS aprueba su petición, las condiciones del estatus serán removidas tanto a usted como a sus familiares derivados y serán aceptados para residir y trabajar de forma permanente en los Estados Unidos.

## Cuanto tiempo toma el proceso

No se pude determinar con exactitud el tiempo que tardará en hacer todos sus trámites, pero en términos generales y por la experiencia adquirida en procesos anteriores pudo decirle que:

- 9 meses tardará en que se apruebe su petición de inmigrante I-526.

- 3 meses en los trámite ante el Centro Nacional de Visas, hasta que le dan su fecha de entrevista en las embajada o consulado en el extranjero.

Un total de 12 a 14 meses hasta que entra a los Estados Unidos y le es otorgada su Green Card.

- 6 mese para el acuerdo de la remoción de condición. Después de los 21 de recibir su residencia permanente condicional.

## III.  LA INVERSIÓN

## Para Tener Derecho a la Visa EB-5

Debe invertir un monto de $1,000,000 de dólares americanos, o por lo menos $500,000 en un zona rural o urbana de alto desempleo.

Las áreas rurales son aquellas que no forman parte de la zona metropolitana de las ciudades y que además cuentan con menos de 20,000 habitantes.

Una zona de alto desempleo es la que el gobierno a determinado como tal por tener cuando menos un 150% del promedio nacional de desempleo y ha notificado al USCIS de su existencia.

Aunque usted sepa que el área en donde intenta invertir es de alto desempleo, no  haga al inversión, hasta que haya obtenido del gobierno la certificación que lo señale, para efectos de obtener Tarjeta Verde Green Card por medio de una inversión.

## Legal Adquisición del Dinero.

Debe justificar que el dinero que va a invertir lo adquirió legalmente, no importa que sea, regalo, donación, o herencia.

### Inversiones Pasivas

Comprar una propiedad es una inversión pasiva que no califica para la obtención de su Green Card. Excepto dentro de un "Programa Piloto" del que más adelante hablaremos.

**Socio.** Al invertir en un negocio existente, debe de hacerse de tal manera que usted quede en calidad de socio y no solamente como un préstamo que usted les esta haciendo.

**Riesgo:** Su inversión debe quedar en riesgo de perdida total o parcial en caso de que el negocio fracase.

**Efectivo:** No hay necesidad de que la inversión se haga en efectivo, se pueden utilizar certificados de depósito, prestamos seguros, notas de promesas de pago, valor de los equipos, inventarios, y otros bienes tangibles.

**Varios Socios:** Varios inversionistas se pueden reunir para crear o expandir un negocio en los Estados Unidos, y cada uno podría calificar para una Green Card, siempre y cuando su inversión sea cuando menos los mínimos requeridos, y cada inversionista cree los 10 empleos requeridos. Por ejemplo, si 5 personas se reúnen y cada una pone $1;000,000 deberán de crear 50 nuevos empleos, y aunque otros nuevos socios se agreguen y no pretendan una Green Card, como quiera existirá las obligaciones de los socios anteriores.

*Recomendación:* Usted puede presentar su solicitud de visa, antes de haber invertido la cantidad total requerida. Hacer la inversión total puede tardar algo de tiempo, pero debe de demostrar que se encuentra activamente en el proceso de invertir. Esto significa que debe justificar al USCIS que ya ha puesto el suficiente capital en riesgo y que lo tiene comprometido para el negocio. No existe un monto determinado que debe estar invertido antes de presentar su solicitud de visa, pero si debe justificarles que ha comprometido esa cantidad de inversión en el negocio.

## IV.    El Negocio

Debe de crear un nuevo negocio o, reestructurar o expandir uno que ya existe que haya sido creado después del 29 de noviembre de 1990. En general entre las personas que cumplen con los requisitos para la obtención de su Visa EB-5 se encuentran, quien establezca una nueva empresa al:

- Crear un negocio nuevo;

- Comprar un negocio ya existente y reestructurarlo o reorganizarlo simultánea o subsecuentemente de manera que el resultado sea una nueva empresa;

- Ampliar un negocio ya existente en un 140 por ciento del número de empleos o del patrimonio neto que tenía antes de hacer la inversión,

- Manteniendo cuando menos por dos años, el número de empleos  existentes al hacer la inversión en un "negocio con problemas", como se conoce a los negocios que hayan estado operando durante al menos dos años y que han perdido el 20 por ciento anual de su patrimonio neto.

- Invertir en una empresa que resulte beneficiosa para la economía de los Estados Unidos y:

- Cree empleos a tiempo completo para cuando menos para 10 personas cualificadas.

**Excepciones a la Regla de Crear un Nuevo Negocio:**

**La Primera** es que usted puede comprar un negocio existente y expandirlo. Para cumplir con la obligación de expansión, deberá aumentar el número de empleados o el valor del negocio en un 40% como mínimo. También tiene que justificar haber hecho la inversión requerida ($1;000,000 o $500,000) dependiendo de la ubicación, y haber creado 10 nuevo empleos de tiempo completo para personas que cuentan con permiso de trabajo.

**La Segunda** excepción a la regla de crear una nueva empresa, es que usted puede comprar un negocio con problemas y manejarlo de tal manera que no llegue a la quiebra. Por lo tanto deberá justificar que el negocio que compró había estado operando durante al menos dos años y que había perdido el 20 por ciento anual de su patrimonio neto antes de hacer usted la compra. Además deberá hacer la inversión de la cantidad requerida, pero no se le exigirá la creación de 10 nuevos empleos, solo se le pedirá que durante los próximos dos años, después de haberlo adquirido, mantenga cuando menos la misma cantidad de trabajadores que tenía al momento de hacer la adquisición.

**Creación de 10 Empleos**

Debe de crear o conservar por lo menos diez trabajos permanentes de tiempo completo, es decir mínimo 35 horas por semana para trabajadores calificados en los Estados Unidos, y en beneficio de la economía del País.

Los diez empleados no necesariamente tienen que ser ciudadanos americanos, pero si deben de tener residencia legal permanente y permiso de trabajo.

Los contratistas independientes que usted ocupe temporalmente en su negocio, no cuentan entre los diez empleados.

El inversionista, su cónyuge y sus hijos, no cuentan entre los diez empleados.

## Domicilio del Negocio

Usted puede instalar su negocio en cualquier parte de los Estados Unidos. Si su inversión es de 500 mil, como ya lo hemos dicho deberá instalarlo en una zona de alto desempleo o un área rural.

## Tiempo de Duración del Negocio

Debe de conservar su negocio cuando menos por tres años, y usted trabajar en él, después de este lapso de tiempo puede trabajar en otra cosa, o simplemente ya no trabajar.

# Capítulo Second – Centros Regionales

## V.  Programa Piloto

De conformidad con la Ley de Inmigración y Nacionalidad (INA, por su sigla en inglés) 203(b)(5), 8 U.S.C. §1153(b)(5), hay 10,000 visas de inmigrantes todos los años para aquellas personas elegibles que quieran obtener la residencia permanente a través de una nueva inversión. De las 10,000 visas de inversionista, es decir, de la Visas EB-5 disponibles anualmente, 3000 se destinan a aquellos que hagan la solicitud de conformidad con un Programa Piloto relacionado con un "Centro Regional" designado por el USCIS.

En caso que durante el año más de 10,000 inversionistas hayan solicitado la Green Card, (Lo que nunca ha sucedido), el excedente será puesto en una lista de espera, para el próximo año, y se les tomará en cuenta conforme a la fecha de presentación de su solicitud.

No solo el Inversionista es contado entre el número de las 10,000 Green Card anuales que se expiden, sus acompañantes como esposa he hijos a quienes también se les otorga la Tarjeta Verde, serán contados entre ese número de visas anuales.

El "Programa Piloto" fue creado en virtud de la Sección 610 de la Ley Pública 102-395 (del 6 de octubre de 1992) y extendido hasta la fecha.

Esencialmente los requisitos de la Visa EB-5 para un inversionista bajo el Programa Piloto, son los mismos que para el programa de inversionistas EB-5, excepto que el Programa Piloto es para inversiones que están afiliadas con una unidad económica conocida como "Centro Regional".

Las inversiones hechas en los centros regionales pueden beneficiarse de un concepto más extensivo de creación de empleos, incluyendo empleos **directos** e **indirectos**.

## VI.    Centro Regional

Un centro regional es definido como una entidad económica, empresa, negocio, organización, o agencia, pública o privada, que ha sido aprobada como "Centro Regional" por el USCIS. Se centra en un área geográfica específica dentro de los Estados Unidos y busca promover el crecimiento económico de esa zona, a través del incremento de las ventas de exportación, la mejoría en la productividad regional, la creación de nuevos empleos y el aumento de la inversión de capital nacional.

Quien invierte en un Centro Regional, no necesita justificar que ha creado 10 nuevo empleos directos, solo el Centro Regional justificará que ha creado 10 o más empleos directos, indirectos o inducidos, que se ha incrementado la productividad de la región, y aumentado la inversión de capital nacional como resultado de este programa piloto.

Muchos abogados de inmigración están de acuerdo, que invertir en un Centro Regional, es el mejor camino para obtener su visa EB-5 y posteriormente su Green Card, porque no hay necesidad de que el inversionista se meta en la tarea de crear o manejar una nueva empresa.

El hecho de que el USCIS haya autorizado a un centro regional, no libera al inversionista de los riesgos que hay de perder su inversión en un negocio, por lo que hay que tener mucho cuidado en que centro regional se invierte, investigándolo antes de hacer la inversión, y revisando como lo han estado manejando.

**Requisitos para Invertir en un Centro Regional**

El inversionista extranjero debe:

1. Invertir cuando menos $500,000

2. Permitir que su inversión este en riesgo. Es decir; el centro regional no debe garantizar el regreso de su inversión.

3. Pagar los costos de estar asociado al centro regional, que son aproximadamente $65,000 dólares (40 mil de cuota de administración; 20 mil de honorarios del abogado que tramitará su visa; y 5 mil de pago de tarifas en el tramite de solicitudes)

4. Justificar con documentos la legalidad de la adquisición y propiedad del dinero que va a invertir y de que usted no cuenta con antecedentes penales.

5. Justificar con documentos su identidad y la de sus familiares que le acompañan.

**Uno de los requisitos más importantes,** es justificar la legalidad y el manejo de los recursos que va a invertir, apoyándose en declaraciones de impuestos de cinco años anteriores.

El Centro Regional en que usted va a invertir, tiene la obligación de cuidar que el negocio en que va a invertir y el manejo de los recursos económicos, cumplen con todos los requisitos del USCIS.

**Proceso de Inversión EB-5 con un Centro Regional**

A. Usted contrata un abogado que le ayudará a formar el expediente y escoger el centro regional en el que invertirá.

B. Deposita su dinero en garantía, en una cuenta de un Centro de Depósito, quienes cuidarán su dinero hasta que le sea autorizada la visa, y posteriormente se la entregarán al Centro Regional. En caso de que por algún motivo no se autorizara su visa, el dinero le será devuelto.

C. Su abogado presenta la solicitud de inmigrante ante el USCIS, con los documentos necesarios.

D. Una vez que le sea aprobada su solicitud de inmigrante, los fondos en garantía son enviados al Centro Regional y el inversionista atiende una entrevista en el Consulado. O bien hace su ajuste de estatus.

E. Después de recibir del consulado su visa y la de sus familiares que le acompañan, ingresarán a los Estados Unidos y se le expedirá su "Green Card" con la condición de residencia permanente por dos años.

F. Después de los 21 meses de habérsele expedido su tarjeta verde, su abogado presentará la solicitud de remoción de condición y al aprobarla quedará como residente permanente legal.

G. Después de 5 años de recibir su tarjeta blanca, puede solicitar su ciudadanía americana.

## Quienes pueden invertir

Todo tipo de personas mayores de edad.

- Profesionales y gente de negocios.

- Pensionados

- Estudiantes

- Padres de Familia

- Etc.

## Sobre el Dinero Invertido

El término para la devolución de su dinero invertido varía según el centro regional que haya escogido, pero muchos de ellos se comprometen a devolvérselo hasta los 5 años, junto con los interés devengados según el éxito del proyecto en que se haya hecho la inversión. Otros le darán los intereses anualmente.

## Beneficios de Invertir en un Centro Regional

- Obtiene residencia permanente para usted y su familia inmediata, misma que los llevará a tomar la ciudadanía americana, si así usted lo desea.

- Vivir, Trabajar y Jubilarse en cualquier parte de los Estados Unidos.

- No necesita un patrocinador para solicitar su residencia.

- No se requiere que hable cierto idioma, tenga experiencia, o educación determinada.

## VII.   Fraudes en Centros Regionales

Mucho cuidado si usted va a invertir en un centro regional, es necesario primero hacer una investigación completa y exhaustiva de ese negocio, empresa, organización, o compañía.

Les comparto una nota periodística fechada el primero de octubre de 2013, a efecto de que tengan cuidado al escoger un centro regional.

VISA EB-5  FRAUDES:

*"Alerta a Inversionistas - Estafas en inversiones afectan al Programa de Inversionistas Inmigrantes. Fecha de Publicación: 01 de octubre de 2013. La Oficina de Educación y Asistencia a los Inversionistas de la Comisión de Bolsa y Valores de Estados Unidos (SEC, por sus siglas en inglés), junto al Servicio de Ciudadanía e Inmigración de Estados Unidos (USCIS, por sus siglas en inglés) emiten*

*conjuntamente esta Alerta a Inversionistas para advertir a los inversionistas individuales sobre estafas de inversiones fraudulentas que afectan el Programa de Inversionistas Inmigrantes, también conocido como "EB-5".*

*La Oficina de Educación y Asistencia a los Inversionistas de la Comisión de Bolsa y Valores de Estados Unidos (SEC) y el Servicio de Ciudadanía e Inmigración de Estados Unidos (USCIS) están conscientes de la existencia de estafas en inversiones dirigidas a ciudadanos extranjeros que buscan convertirse en residentes permanentes legales de los Estados Unidos a través del Programa de Inversionistas Inmigrantes (EB-5). SEC, en estrecha colaboración con USCIS, agencia que administra el programa EB-5, han realizado una intervención de emergencia para detener las ofertas de valores fraudulentos hechas supuestamente a través de EB-5.*

*El programa EB-5 provee una vía potencial para obtener la residencia permanente en los Estados Unidos a ciertos inversionistas extranjeros que pueden demostrar que sus inversiones están creando empleos en este país.*

*Los dueños de negocios presentan una solicitud con USCIS para designar su negocio como "Centro Regional" bajo el Programa EB-5. Estos centros regionales ofrecen oportunidades de inversión en nuevas empresas comerciales que pudieran involucrar ofertas de valores. A través del programa EB-5, un inversionista extranjero que invierte y pone en riesgo cierta cantidad de dinero en una iniciativa que crea o preserva cierta cantidad de empleos en los Estados Unidos, resulta elegible para obtener la residencia permanente condicional legal. Al final del período requerido de dos años de residencia condicional, el inversionista extranjero es elegible para solicitar la eliminación de las condiciones impuestas sobre su residencia permanente, si puede demostrar que la creación que cumplió con los requisitos de creación de empleos. No obstante, a los inversionistas que invierten a través de EB-5, no se les garantiza una visa o que puedan convertirse en residentes permanentes legales de los Estados Unidos. Para más detalles, lea la sección Inversionistas Inmigrantes EB-5 en el sitio Web www.uscis.gov.*

*El hecho de que un negocio sea designado como un centro regional por USCIS no significa que USCIS, y SEC o cualquier otra agencia de gobierno haya aprobado las inversiones ofrecidas por el negocio, o haya expresado su opinión sobre la calidad de la inversión. SEC y USCIS están conscientes de los intentos por usar incorrectamente el programa EB-5 como medio para llevar a cabo ofrecimientos fraudulentos de valores. En un caso judicial reciente, SEC v. M. A., et. al., SEC y USCIS trabajaron en conjunto para detener un alegado fraude en inversiones en el cual SEC reclamó que los acusados, incluyendo el centro regional ( aquí va nombre de el centro regional involucrado), prometieron falsamente a los inversores un rédito de 5% de su inversión y la oportunidad de obtener una visa EB-5. Presuntamente, los promotores comenzaron a solicitar inversionistas antes de que USCIS hubiese designado el negocio como un centro regional. El SEC alegó que mientras los acusados les indicaron a los inversionistas que su dinero sería colocado en fideicomiso hasta tanto USCIS aprobara el negocio como elegible para EB-5, utilizaron incorrectamente los fondos de los inversionistas para uso personal, tal como financiar un restaurante estilo Luisiana. De acuerdo a la denuncia de SEC, los inversionistas no obtuvieron ni tan siquiera visas condicionales como resultado de su inversión a través de ese centro regional.*

*En otro caso, SEC v. A C. C. C., et al., SEC y USCIS actuaron en coordinación para ponerle fin a un alegado esquema fraudulento de inversiones de $156 millones. SEC alegó que un individuo y sus compañías utilizaron información falsa y engañosa para buscar inversionistas en el Primer Hotel y Centro de Convenciones en el Mundo en ser certificado LEED Platino por Emisión de Cero Carbón en ----, incluyendo falsos reclamos de que el negocio había adquirido los permisos de construcción necesarios y de que el proyecto había sido respaldado por varias cadenas de hoteles reconocidas. De acuerdo a la querella de SEC, los acusados prometieron a los inversionistas que recobrarían cualquier tarifa administrativa que pagaran por sus inversiones si se les denegaban las solicitudes de visa EB-5. Los acusados presuntamente gastaron más del 90 por ciento de las tarifas administrativas, incluyendo algunos gastos para uso personal, antes de que USCIS adjudicara las solicitudes de visa.*

Fin de la nota periodística…

**Sugerencias para verificar un Centro Regional**

Como en toda inversión, es importante examinar cuidadosamente cualquier oferta que pretenda estar afiliada al programa EB-5.

Siga los siguientes pasos:

1. Confirme que el Centro Regional haya sido designado por USCIS.

Verifique la lista de centros en vigor en el sitio Web de USCIS en www.uscis.gov. Si el centro no está en la lista, actúe con extrema cautela. Aún si está en la lista, tenga en cuenta que ello no implica que USCIS responde o garantiza el centro regional ni ninguna de las inversiones que ofrece.

2. Obtenga copias de los documentos provistos a USCIS. Los centros regionales deben presentar una solicitud inicial (Formulario I-924) para obtener la aprobación y designación

por parte de USCIS, así como un suplemento de información adicional (Formulario I-924A) al final de cada año calendario.

3. Pida al centro regional que le provea copias de los formularios y documentos de evidencia presentados ante USCIS.

4. Pida por escrito la información acerca de inversiones.

5. Pida una copia del memorando de ofrecimiento de inversión o el memorando de disposición privada por parte del emisor. Examínelo cuidadosamente e investigue los proyectos de evaluación de la propuesta.

6. Dele seguimiento a cualquier duda que tenga.

7. Si no comprende la información en el documento o el emisor no quiere o no puede responder sus preguntas satisfactoriamente, no invierta.

8. Pregunte si los promotores están siendo pagados.

9. Si existen consultores, abogados o agencias supuestamente desafiliadas recomendando la inversión, pregunte cuánto dinero o qué beneficio esperan recibir a cambio de recomendar la inversión.

10. Permanezca escéptico ante información de parte de promotores que sea inconsistente con el memorando de ofrecimiento de inversión o el memorando de disposición privada del emisor.

11. Busque verificación independiente. Confirme si las declaraciones acerca de la inversión tienen fundamento. Por ejemplo, si la inversión se relaciona a construcción o bienes

raíces comerciales, verifique los archivos de distrito para verificar si el emisor ha obtenido los permisos apropiados y si los cálculos de impuestos sobre propiedad estatales y locales corresponden con el valor que el centro regional le adjudica a la propiedad.

12. Si otras compañías supuestamente han firmado para ser parte del proyecto, vaya directamente a esas compañías para confirmar la información.

13. Examine los riesgos estructurales. Comprenda que puede haber invertido en una nueva iniciativa comercial que no tiene activos y ha sido establecida para otorgar fondos a una compañía que utilizará los fondos para desarrollar proyectos.

14. Examine cuidadosamente los documentos de préstamo y las declaraciones de ofrecimientos para que determine si el préstamo está asegurado por cualquier colateral como promesa a los inversores.

15. Considere los incentivos del desarrollador, los inversionistas principales y los desarrolladores de los centros regionales EB-5, a menudo hacen inversiones de capital en proyectos que ellos mismos manejan. Comprenda que si los inversionistas principales y los desarrolladores no hacen una inversión de participación en el proyecto, sus incentivos financieros podrían no estar relacionados al éxito del proyecto.

16. Esté atento a las señales de fraude. Tenga cuidado si identifica cualquiera de estas señales de fraude:

a) Promesas de una visa o de convertirle en residente permanente legal. La inversión por medio de EB-5 le hace elegible a solicitar una visa condicional, pero no hay garantía de que USCIS se la concederá la visa o subsecuentemente removerá las condiciones en su residencia permanente legal si la obtiene. USCIS examina cuidadosamente cada caso y deniega aquellos donde los criterios de elegibilidad no se cumplen. Supuestas garantías de visa o tarjetas verdes son signos inequívocos de fraude.

b) Garantía de devolución de inversión, o inversión sin riesgo. El dinero invertido por medio de EB-5 debe estar en riesgo para propósitos de generar recuperación. Si se le garantiza la recuperación de su inversión o se le promete la devolución de una parte del dinero que se le pide invertir, sospeche.

c) Promedios altos de recuperación continuos. Las inversiones tienden a subir y bajar a través del tiempo, particularmente aquellas que ofrecen alta recuperación. Sospeche de cualquier inversión que garantice proveer o continuamente generar promedios más altos de recuperación del promedio del mercado.

d) Inversiones sin registrar. Aun cuando un centro regional pueda ser designado por USCIS, la mayoría de las nuevas inversiones de iniciativas comerciales ofrecidas por medio de los centros regionales, no están registradas en SEC o en ningún otro regulador estatal. Cuando un ofrecimiento no se registra, el emisor podría ocultar o no proveer al inversionista información clave acerca de la administración de la compañía, productos, servicios y finanzas, normalmente requeridos en la registración. En esas circunstancias, los inversionistas deben obtener información adicional acerca de la compañía para asegurarse de que la oportunidad de inversión es legítima.

e) Vendedores sin licencia. Las leyes de seguridad federales y estatales requieren que los profesionales de inversión y las compañías que ofrezcan y vendan inversiones estén registrados o tengan licencias. La designación de un centro regional no satisface este requisito. Muchos esquemas de inversión fraudulentos involucran individuos sin licencia o compañías sin registrar.

f) Compañías estratificadas manejadas por los mismos individuos. Algunas inversiones en centros regionales EB-5 están estructuradas en estratos de compañías diferentes que son manejadas por los mismos individuos. En esas circunstancias, confirme que no existen conflictos de interés y que el riesgo de los mismos se minimice.

Si su inversión en el programa EB-5 de un centro regional resulta fraudulenta, usted podría perder tanto su dinero como su oportunidad de lograr la residencia permanente legal en los Estados Unidos. Evalué cuidadosamente cualquier ofrecimiento antes de invertir su dinero y sus esperanzas de convertirse en residente permanente legal.

## Capítulo Third – FORMULARIO I-526

SOLICITUD DE INMIGRACIÓN DE UN EMPRESARIO EXTRANJERO.

**VIII.** Instrucciones Generales

### Propósito de la forma I-526

Para comenzar su proceso de inmigración hacia los Estados Unidos, usted debe de presentar en el Centro Regional de Servicios del USCIS el Formulario I-526, denominado solicitud de inmigración de un empresario extranjero. Cuyo propósito es solicitar el estatus de inmigrante, haciéndole saber a las autoridades de inmigración, que usted desea inmigrar a los estados Unidos para invertir en un negocio y vivir en el país.

**Requisitos para su procedencia**

Esa solicitud debe enviarse con una documentación complementaria que muestre claramente que la inversión de la persona cumple con todos los requisitos, como por ejemplo:

1. Establecer una nueva empresa o invertir en una existente

2. Que ha invertido o esta en el proceso de Invertir la cantidad de capital necesaria. (500 mil o un millón de dólares)

3. Que la inversión será de beneficio para la economía del país.

4. Demostrar que la inversión procede de una fuente legal de fondos

5. Que la nueva empresa comercial creará al menos 10 empleos a tiempo completo para ciudadanos americanos, residentes legales permanentes, o personas autorizadas para trabajar, sin incluir el suyo, su cónyuge, sus hijos e hijas o cualquier trabajador

temporal o no inmigrante, o personas que no están autorizadas para trabajar en Estados Unidos.

6. Demostrar que el inversionista está participando activamente en el negocio.

7. Crear la fuente de trabajo dentro de un área de empleo identificada, en los casos que sea pertinente.

**El Formulario I-526.** La ultima versión mas actualizada del formulario I-526, la puede obtener gratuitamente en la página web www.uscis.gov además ahí mismo encontrará un extensivo instructivo de llenado informándole de los documentos que necesita anexar.

**Proceso en Consulado o USCIS:** Se le pide en esa solicitud entre otras cosas, que informe usted si el procedimiento lo va a continuar en una embajada o consulado americano en el exterior, o en las oficias de USCIS en los Estados Unidos. Si no esta seguro, escoja el consulado, si después cambia de opinión, será sencillo presentar una solicitud a USCIS para continuar con el caso en Estados Unidos. Hacer lo contrario sería más problemático y tardado, pues tendría que presentar algunos otros formularios por separado.

**Traducciones:** Todos los documentos que se presenten ante el USCIS que se encuentren en un idioma extranjero, deberán de ser traducido al ingles, por un traductor competente, que certifique que esta capacitado para traducir del idioma extranjero al ingles.

**Copias:** Todos los documentos que se anexen a la solicitud deberán ser en copia fotostática simple legible, a menos que en la misma solicitud se le requiera que presente originales. Si presenta originales sin habérselo solicitado, quedarán en el expediente y no le podrán ser devueltos.

## IX.    Llenado de la Forma I-526

1. Deberá ser llenada a maquina o manuscrita legible con tinta color negro.

2. Si necesita más espacio para dar contestación a algunas de las preguntas, puede hacerlo en una hoja por separado color blanco, escrita a maquina o manuscrita, en la cual pondrá en la parte superior su nombre, número de registro de extranjero ( A-Número, si lo tiene), indicando que esa respuesta se refiere a la pregunta número tal, de la parte X, de la página número tal. Pondrá la fecha y firmará la hoja.

3. Conteste todas la preguntas. Si alguna no le es aplicable a su caso o la respuesta es "ninguna" deje el espacio en blanco.

4. Página 1, Parte 1. Información sobre usted. Si se usted se encuentra en los Estados Unidos, proporcione la siguiente información. Forma I-94 constancia de llegada o salida. Si al entra a los Estados Unidos se le extendió la forma I-94 proporcione el número la fecha de ingreso y fecha de expiración que en ella aparecen. El I-94 número de admisión, también es conocido como número de partida, en algunas formas.

5. Si usted llegó a los Estados Unidos por avión o barco, después del 30 de abril de 2013, posiblemente no se le entregó en papel la forma I-94, sino que le fue expedida en forma electrónica impresa en su pasaporte, por lo tanto debe de solicitar en la página web del USCIS www.cbp.gov/i94 le sea enviada una versión impresa de su I-94 de entrada. Lo mismo que si usted perdió su forma I-94 puede solicitar le envíen otra. Este servicio no tiene costo alguno. Si por algún motivo no puede obtener su I-94 de esa forma, puede solicitarla al USCIS presentando la solicitud I-102 denominada solicitud de Nuevo/Remplazo de registro de llegada o salida de No-Inmigrante. Este servicio no tiene costo alguno.

6. Pasaporte/Documentos de viaje. Si usted utilizó un pasaporte o documentos de viaje, para ingresar a los Estados Unidos, deberá de poner el número del documento correspondiente en el lugar indicado en la forma, aunque estos estuvieren vencidos.

## X.   Documentos- Evidencias

A continuación le presento una lista de todos los documentos y formas que debe anexar a su solicitud de visa de inmigrante EB-5. Si va a iniciar un negocio nuevo, posiblemente no tenga a la mano todos los documentos aquí señalados, pero cuando menos debe presentar evidencias de que tiene los fondos suficientes para hacer la inversión, presentando estados de cuenta bancarios y líneas de crédito para la instalación o compra del negocio, además escritos comprometiéndose a:

a) Hacer la inversión.

b) Otro escrito en el que se señale la naturaleza del negocio, la forma en que se va a invertir el dinero, como obtuvo los fondos para la inversión y como se aplicaran.

c) Una lista que especifique claramente los diez empleos que deben de abrirse durante los dos primeros años, indicando el nombre, tipo de trabajo, descripción, salario, puesto, categoría, y cuando estarán listos para ocuparse estos puestos.

d) Y por último un plan de negocios, que soporte todos los documentos anexados.

## Relación de Documentos para anexar a la Forma I-526

1. Pruebas de que los fondos que se van a invertir fueron obtenidos legalmente, como por ejemplo:

   a. Declaraciones de impuestos de usted y su negocio, de su país de origen de los últimos cinco años.

   b. Estados financieros de su negocio.

   c. Estados bancarios de usted y su negocio de los últimos 12 meses.

   d. Cartas expedidas por las agrupaciones y cámaras de comercio, confirmando su ocupación y éxito en su negocio.

   e. Expedientes de registro de negocios en el extranjero.

2. Documentos evidencias que demuestren que usted ha establecido, o esta en proceso de establecer legalmente un nuevo negocio en los Estados Unidos. O de que ha invertido la cantidad requerida (Un millón o 500 mil) en un negocio existente creado después del 29 de noviembre de 1990, para incrementar su valor o el número de empleados existentes cuando menos en un 40%. Documentos evidencias como por ejemplo:

   a. Actas de incorporación, convenios entre socios, y otros documentos legales como permisos del negocio, anexando una declaración jurada y certificada del Oficial de la compañía, certificando quien o quienes son los dueños del negocio y en que porcentaje.

   b. Copia de las acciones si el negocio es una corporación.

   c. Evidencias del capital propio en acciones, con justificantes de las transferencias de dinero.

   d. Declaración juramento notariado de el secretario de la compañía, o si no es compañía del oficial del negocio encargado de los libros, en donde se estipule quienes son los socios y que porcentajes de capital tienen.

   e. Cartas de crédito de proveedores.

   f. Evidencias de que usted transfirió capital

suficiente para aumentar cuando menos en un 40% el valor del negocio o el número de trabajadores.

g. Una carta del Gobierno del Estado, en donde se justifique que el área donde esta instalando su negocio, es un área rural o de alto desempleo. (Si es que esta aplicando con una inversión de $500,000). Una zona de alto desempleo es la que el gobierno a determinado como tal, por tener cuando menos un 150% del promedio nacional de desempleo, y ha notificado al USCIS de su existencia. Las áreas rurales, son aquellas que no forman parte de la zona metropolitana de las ciudades, y que además cuentan con menos de 20,000 habitantes.

3. Si usted obtuvo el capital para invertir de una empresa en Estados Unidos o algún otro lugar, para justificar su legalidad debe presentar las declaraciones de impuestos de los dos últimos años.

4. Evidencias de que usted esta en el proceso de hacer una inversión, como:

a. Estados Financieros de perdidas y ganancias y un balance de la compañía de los dos últimos años.

b. Transferencias bancarias que hizo del extranjero hacia los Estados Unidos.

c. Balance de las cuentas bancarias del negocio.

d. Comprobantes de los depósitos de fondos en la cuenta o cuentas del negocio.

e. Plan de Negocios para los próximos tres años, especificando el movimiento del dinero.

f. Contratos y recibos de adquisiciones de capital he inventario.

g. Contrato de renta o compra del inmueble para el negocio, y en caso de que se vaya a construir, contrato y plano de construcción.

h. Documentos, cartas, o cualquier evidencia, que justifique que usted estará en puestos directivos, gerenciales, o como miembro del consejo de Administración dentro de la compañía o negocio.

i. Evidencia que la nueva empresa comercial creará al menos 10 empleos a tiempo completo, sin incluir el suyo, su cónyuge, sus hijos e hijas o cualquier trabajador temporal o no inmigrante, o personas que no están autorizados a trabajar en los Estados Unidos.

j. Tendrá que presentar un plan de negocios exhaustivo que demuestre que debido a la naturaleza y el tamaño proyectado de la nueva empresa comercial se necesitarán no menos de 10 empleados. Incluya fechas aproximadas de cuándo dentro de los próximos años cada uno de los empleados será reclutado.

k. Si adquirió un "Negocio con Problemas", en el plan de negocios se justificará que el número de plazas de trabajo actuales se ha mantendrá   en un nivel que no sea menor al nivel de antes de la inversión durante un periodo de no menos de 2 años.

l. Los casos relacionados a Centros Regionales deben demostrar que la inversión de capital fue hecha de acuerdo con el plan de negocios del centro regional para que pueda ser acreditado a la creación indirecta de empleos.

5. **Empresa en Riesgo.** En apoyo a su petición para invertir en una empresa en riesgo, debe presentar fotocopias de registros de declaraciones de impuestos, Formularios I-9 (Verificación de Elegibilidad de Empleo) u otros documentos relevantes para la cualificación de empleados y un plan de negocios exhaustivo.

## XI. Tarifa de Pago al presentar la I-526

Pago de Derechos $1,500.00 USD (Dólares Americanos).

No se acepta efectivo, solo ordenes de pago o cheques, a cargo de una institución financiera domiciliada en los Estados Unidos y a favor de " U.S. Department of Homeland Security ". No use iniciales como USDHS o DHS.

Si usted vive fuera de los Estados Unidos, contacte la embajada o consulado más cercano para que le den indicaciones de cómo hacer el pago.

En virtud de que hay constantes cambios en las tarifas, antes de hacer su pago verifique que la cantidad a pagar sea la correcta, por favor vaya a la página web del USCIS www.uscis.gov de clic en el enlace de "Formas" y verifique que cantidad debe de pagar en la fecha de hacer su pago. O llame en Estados Unidos del Centro Nacional de Servicio de

Asistencia del USCIS teléfono 1-800-375-  5283 y pida información sobre tarifas.

## XII.  Formulario G-1145 Notificación Electrónica

Si desea recibir un correo electrónico y/o mensaje de texto cuando su Formulario I-526 haya sido recibido en la oficina "USCIS Lockbox", complete el **Formulario G-1145, Notificación Electrónica de Aceptación de Petición/Solicitud** y anéxelo a la primera página de su solicitud.

El Formulario G-1145 puede ser descargado desde la pagina web de USCIS.

## XIII.  Enviando su solicitud de inmigración (I-526)

Usted debe enviar por correo certificado el paquete que se ha formado con la petición de visa y documentos anexados, a uno de los dos Centros de Servicios Regional del USCIS, el que tenga jurisdicción sobre el lugar de ubicación de su negocio.

Los Centros de Servicio Regional, no son lo mismo que las oficinas locales del USCIS, ahí no debe ir usted personalmente pues no será atendido. Existen cuatro Centros de Servicio Regional del USCIS en los Estados Unidos, pero usted deberá de enviar su petición de visa solamente, al de Texas.

Al momento de escribir este libro las solicitudes de inmigrante como inversionista eran enviadas al USCIS Centro Regional en Dallas, Texas.

Presentar su Formulario I-526 completado a las oficinas de Dallas:

**Por correo:**

USCIS

P.O. Box 660168

Dallas, TX 75266

**Por correo privado/expreso debe utilizar la siguiente dirección:**

USCIS

Attn: I-526

2501 S. State Highway 121 Business

Suite 400

Lewisville, TX 75067

## XIV.   Proceso de la I-526

### Aclaración

Después de enviar su solicitud al USCIS podría suceder que en caso de que el USCIS requiera de más información sobre su solicitud para darle trámite, le regresará todo el paquete, junto con la forma I-797 denominada requerimiento de evidencias, en la que le informarán que correcciones, adiciones, información, y documentos son necesarios para darle entrada a su petición. Usted debe cumplir con lo que se le requiera ya sea hacer las correcciones, adiciones, anexar los documentos que le requieran y enviar el paquete de nueva cuenta al centro regional, con una copia de la notificación I-797 al frente.

## Proceso en Trámite

Un par de semanas posteriores al envió del paquete con su solicitud, recibirá por escrito la notificación de que se ha recibido su papelería y que el proceso esta en trámite. También le enviarán el recibo de pago de tarifa. Y se le otorgará un número de expediente de su caso en inmigración.

Después de que sus solicitud sea aceptada, deberá esperar algunos meses para que la misma sea acordada. Actualmente están tardado entre ocho y diez meses para acordar su petición.

## Requerimiento de más información o entrevista

Podrían requerirle de mayor información y evidencias, o que se presente personalmente en las oficinas del USCIS. También podrían requerirle que presente los documentos originales de algunas copias que presentó, los que le serán devueltos una vez que sean cotejados con las copias y ya no sean necesarios.

## Acuerdo de Conformidad

El acuerdo de conformidad de su solicitud, declara que usted es elegible para los beneficios solicitados, y que justificó cumplir con los requisitos para el estatus de inversionist, lo que se le notificará por medio de correo con la forma I-797.

Si usted pldió hacer "Proceso Consular", es decir solicitar su Visa Eb-5 /Green Card de inversionista en una embajada o consulado en el extranjero, el USCIS enviará su expediente al "Centro Nacional de Visas" ubicado en Portsmouth, New Hampshire, quienes le enviará a usted un paquete con las formas he indicaciones a seguir.

Si se encuentra viviendo dentro los Estados Unidos, puede presentar su solicitud de su ajuste de estatus. Pero si al presentarlo, de las evidencias se determina que no es elegible para el ajuste, su expediente será enviado a la embajada o consulado de su domicilio en el extranjero, y se le notificará por escrito que su solicitud fue aceptada y las razones del porque no se le permite hacer el ajuste de estatus (es decir dentro de estados Unidos), y el lugar a donde se enviará el expediente para que allá continúe con el tramite de su visa EB-5 Green Card.

## Significado de una Petición Aprobada

El acuerdo de conformidad de su petición, determina solamente que usted a justificado haber hecho una inversión calificada.

Una solicitud aprobada por si misma no le da el derecho de inmigrar o vivir el los Estados Unidos, es solamente un pre-requisito para el siguiente paso de solicitar  su ajuste de estatus, ya sea con ajuste de estatus desde el interior, o en una embajada o consulado en el extranjero solicitar su Visa EB-5 y su Tarjeta Verde.

El acuerdo de conformidad no le garantiza que la embajada o consulado le vayan a expedir su visa de inmigrante, existen otros requisitos que debe cumplir para que le otorguen su visa, ya se los dirán en la embajada o consulado.

El estatus de inmigrante que adquiere con esta petición será condicional por los primeros dos años. Dentro del término de tres meses antes de los dos años, deberá solicitar la remoción de la condición, para quedar como residente legal permanente.

## Negativa de la I-526

Si usted no justifico todos los requisitos necesarios para tener derecho a los beneficios solicitados, su solicitud le será negada. Negativa que le será notificada por escrito y por correo con las razones del porque le fue negada.

## Capítulo Fourth – PROCESO CONSULAR

Solicitando la Visa EB-5 y Tarjeta Verde ante una Embajada o Consulado

### XV.    Generalidades

**Trámite de la solicitud de visa y tarjeta verde si vive fuera de los Estados Unidos**

Usted puede convertirse en residente permanente a través de un trámite consular si vive fuera de los Estados Unidos. El trámite consular se lleva a cabo, cuando el USCIS le envía al Departamento de Estado su expediente de  aprobación de un Formulario I-526, *Solicitud de Inmigración de un Empresario*

*Extranjero*, para que puedan emitirle una visa, cuando haya disponible.

En virtud de que solamente 10,000 Visas-Tarjeta Verde para inversionista están disponibles cada año fiscal, usted podría que esperar hasta el siguiente año, en caso de que se hubieren expedido todas. Lo que hasta la fecha nunca ha ocurrido. Pero existe la posibilidad. Su lugar en la lista de espera, es conforme a un numero llamado "Fecha de Prioridad", que es la fecha en que presentó su solicitud, o sea el formulario I-526.

El Centro Nacional de Visas (NVC) es el ente encargado de programar la mayoría de las citas para la solicitud de visa. Si usted recibió las instrucciones para solicitantes de visa y las instrucciones para el proceso de examen médico y Vacunas del Centro Nacional de Visas, y ya ha programado una cita, asegúrese de seguir estrictamente cada una de las indicaciones, de lo contrario, el no hacerlo podría originarle un retraso en su proceso, e incluso generar que pierda la oportunidad de vivir y trabajar en los Estados Unidos.

El "Proceso de Visa de Inmigrante Consular" se lleva a cabo, cuando usted eligió hacer (continuar) el trámite de su Tarjeta Verde, en una embajada o consulado de los Estados Unidos en el exterior, o si usted no cumple con los requisitos necesarios para hacer el ajuste de estatus desde el interior de los Estados Unidos, o si por alguna razón ha sido excluido de hacerlo.

Para el Proceso Consular se requiere preparar algunos formularios y documentos, hacerse un examen médico, obtener una carta de antecedentes penales, conforme a las indicaciones que se le darán, y una vez que los tenga listos, notificar al NVC o consulado que se los requirieron para que le den fecha y hora de entrevista. Si todo sale bien, usted será aprobado (sujeto a los controles de seguridad finales), para una visa de inmigrante EB-5 con derecho a Tarjeta Verde, para ingresar a Estados Unidos. El objetivo del trámite ante el consulado, es justificarles que usted tiene buena salud, que no cuenta con antecedentes penales y que cuenta con los recursos económicos suficientes.

## XVI.  Pre-Proceso

Como preámbulo y de una manera súper-rápida, le diré en tres puntos lo que hará el Centro Nacional de Visas al recibir su expediente:

1. Requerirle el pago de tarifas por la solicitud de visa.

2. Recibir los formularios (algunos en línea) y demás documentos adjuntos.

3. Programarle una cita en la embajada o consulado de su localidad.

El inicio del proceso consular requiere de una gran cantidad de documentos que se envían en diferentes direcciones. En primer lugar, después de que el USCIS aprueba su petición de visa, se enviará su expediente al Centro Nacional de Visas (NVC) en Portsmouth, New Hampshire, para un **Pre-Proceso** de Visa EB-5.

**El procedimiento a seguir en el NVC es el siguiente:**

**Paso #1. Forma DS-261 Designación de Agente.** Al recibir su expediente el NVC le designará un número de caso y le enviarán indicaciones para que en línea llene el formulario DS-261 denominado "Elección de Agente y Domicilio". El objetivo de ese formulario, es preguntarle si quiere que las subsecuentes notificaciones le sean enviadas a usted, o a otra persona que usted designe como agente, pudiendo ser un amigo, un familiar, un abogado, un profesional de inmigración, o cualquier persona en quien usted confíe. Posiblemente usted haya designado agente representante en el proceso de solicitud de estatus de inmigrante ante el USCIS, no obstante tiene que hacer lo mismo ante el proceso de visa en el NVC.

**Paso #2. Pagos por el Servicio:** Una vez que usted ha llenado el formulario DS-261 en línea, le enviarán por correo a usted o a la persona que haya designado, el recibo de pago de las cuotas establecida por el proceso de la visa de inmigrante ($345) y por la Declaración Jurada de Apoyo ($120) que son las tarifas al momento de escribir esto. El pago se puede hacer por en línea.

**Paso #3. Forma DS-260 Solicitud de Visa.** El NVC le pedirá que haga el llenado en línea del formulario DS-260, ahí encontrará también un instructivos, para que vea cómo llenar el formulario. Una vez lleno se continuará con el pre-proceso. Este formulario podrán ser llenado electrónicamente en línea, en el "Centro Consular de Solicitudes Electrónicas" (CEAC por sus siglas en ingles). Los formularios normalmente inician con las letras DS precedidas de un número, y están disponibles en el sitio web www.state.gov del Departamento de Estado.

Una vez que usted haya llenado los formularios, el NVC se pondrá en contacto con usted, y podría pedirle llenar otros formularios, y solicitarle algunas cosas y documentos.

## XVII.    Documentos

## Paso #4. Documentos para su Entrevista

A continuación le presento una lista con una breve explicación, de algunos de los documentos que necesitará reunir para su entrevista. Ponga mucha atención en cualquier otro requisito que en NVC o el consulado le pueda pedir. Lleve los originales y un juego de copias a su entrevista (el oficial consular podría querer examinar los originales, para asegurarse de que no son fraudulentos). No envíe por correo documentos al consulado, si ellos no se lo han solicitado.

Aquí le presento una explicación adicional respecto a algunos de los documentos de la siguiente lista:

**Formulario I-134**. Todos los inmigrantes deben convencer al consulado, de que una vez que obtenga su tarjeta verde, no pedirán ayuda a las instituciones de beneficencia pública del gobierno. No obstante que su aplicación se basa en una inversión en empresas grandes, que por sí sola debería ser prueba suficiente de que usted tiene manera de mantenerse a sí mismo y a los que lo acompañan. Aún así debe llenar el formulario I-134 Declaración Jurada de Apoyo a los familiares acompañantes. Debido a que el consulado sabe que tendrá un ingreso, debe firmar el formulario I-134 y tomar la responsabilidad financiera de cada uno de ellos.

Al firmar la Declaración Jurada I-134 esta usted comprometiéndose a reembolsar al Gobierno de Estados Unidos la cantidad de los pagos gubernamentales de apoyo que pudieran recibir en caso de que vayan solicitar ayuda en la beneficencia pública. La I-134 Declaración Jurada de Apoyo supuestamente le une a esta obligación solo durante los primeros tres años. (aunque muchos abogados dicen que nunca se llevaría a cabo en los tribunales).

**Fotos.** Muchos consulados requieren que usted y cada familiar que lo acompaña  lleven a la entrevista dos fotografías, tomadas en estilo pasaporte estadounidense. A menudo, su paquete de información contendrá una lista de fotógrafos locales que toman este tipo de fotos. Si sus creencias religiosas le exigen que tenga  cubierta de cabeza, así deberá tomarse las fotos. Sin embargo los ojos y la cara deben ser visibles, y debe presentar una declaración por escrito que explique por qué se cubre la cabeza.

**Examen Médico.** Antes de su entrevista de visa, usted y sus familiares acompañantes serán requeridos para someterse a exámenes médicos. Algunos consulados programar los exámenes médicos varios días antes de la entrevista. Otros programan el examen médico y la entrevista en el mismo día. En su carta citatoria para la entrevista, se le dirá a dónde tomarse los exámenes médicos.

Los exámenes médicos se llevan a cabo por médicos privados. Las tarifas varían entre $50 a $ 150 USD por examen, dependiendo del país, el costo se le muestra en su cita de entrevista. El examen en sí consiste en tomar una historia clínica, análisis de sangre, radiografía de tórax y la administración de las vacunas en caso necesario, aunque las mujeres embarazadas pueden negarse a la toma de radiografías, hasta después del embarazo. El requisito de toma de radiografías no se puede eliminar. Sin embargo el requisito de la vacunación puede ser renunciado por razones religiosas, morales o médicas.

El principal objetivo del examen médico es comprobar que usted no es médicamente inadmisible. Algunas causas médicas de inadmisibilidad se pueden superar con tratamiento o mediante la aplicación de una exención. Si usted necesita una exención médica, se le darán instrucciones en el consulado en el momento de la entrevista.

## Lista de Formas y Documentos para su Entrevista Consular

### Formularios

> Formularios DS (enviado a usted por el NVC y el consulado).

> Formulario I-134 Declaración Jurada de Apoyo, firmado por el inversionista en a favor de los miembros de la familia que emigran con él o ella.

### Documentos

> Copia de la I-526 notificación de aprobación de USCIS (que debería haber sido enviada directamente al consulado, pero traer una copia por si acaso no la tienen).

> Certificado de nacimiento de usted y cada acompañante, así como de los hijos solteros menores de edad que no están emigrando con usted.

> Certificado de matrimonio si está casado y trae a su cónyuge.

> Si usted o su cónyuge han estado casados anteriormente, las copias de los certificados de divorcio y defunción que muestra la terminación de todos los matrimonios anteriores.

> Pasaporte de usted y cada uno de los acompañantes, con una vigencia mínima de seis meses posteriores a la fecha de la entrevista.

> Certificados de antecedentes penales de usted y acompañantes, de cada país en el que han vivido cuando menos seis meses desde la edad de 16 años.

> Toma de las huellas dactilares, si así lo solicita específicamente el consulado (costo actual: $85.00 USD)

> Los registros militares de usted y acompañantes ( cuando proceda).

> 2 fotografías tipo pasaporte de ustedes y cada acompañante. Algunos consulados ahora toman las fotos en la entrevista. Este le será informado al enviarle las instrucciones.

> Informe del examen médico de usted y de cada acompañante.

> Todos los documentos adicionales que le soliciten en la convocatoria de la entrevista.

El NVC acostumbra a solicitarle por anticipado la cuota, documentos, certificados policiacos, antes de enviarlo el expediente a la embajada o consulado. Cuando el expediente esta completo, el NVC le tramita la cita y se la envía a usted para que comparezca al consulado.

## Solicitando su Cita

Después de presentar la solicitud requerida para visa de inmigrante, pagado las tarifas necesarias, haber presentado la Declaración Jurada de Apoyo Económico, y los demás documentos al Centro Nacional de Visas (NVC), revisarán que todo  su expediente está completo, y si cumple con todos los requisitos, se pondrán en contacto con la Embajada o Consulado de los Estados Unidos competente en su domicilio, para programar una cita.

Al autorizar la cita el consulado, le enviarán a usted y a su abogado o agente, una carta informándole la fecha y hora de la cita, dándole indicaciones para que se haga los exámenes médicos correspondientes. Posiblemente puede haber una espera de varios meses para la fecha de la entrevista.

Una vez que su cita para la entrevista está programada, el NVC enviará al consulado o embajada su expediente, conteniendo la solicitud de estatus de inmigrante, la solicitud de visa, y todos los formularios y documentos relacionados que usted presento.

## Importantes Pasos siguientes:

Después de recibir la notificación de que una entrevista se le ha programado, es importante que usted y los miembro de la familia que aplicaron para inmigrar con usted, se preparen para la entrevista de visa. Deben de tener a la mano copia de los formularios presentados y todos los documentos originales y llevarlos a la cita. También haberse hecho los exámenes médicos, en el lugar autorizado.

## XVIII.    La Entrevista

Pasaporte: No se le olvide llevar su pasaporte el día de la entrevista y cualquier otro documento que no haya presentado en el NVC.

Examen Medico: Es muy importante que se haya realizado los exámenes médicos, y tener todas las vacunas en orden. Todos los solicitantes de visa de inmigrante deben tener sus registros de vacunación disponibles para revisión del médico en el momento del examen médico. Los solicitantes de visas deben consultar con su proveedor de atención médica regular para obtener una copia de su registro de vacunas, si hay alguno disponible. Si usted no tiene un registro de vacunación, el médico puede determinar cuál de las vacunas son médicamente apropiadas para usted, dada su edad, historial médico y condición médica actual. Ciertas exenciones de vacunación están disponibles bajo la recomendación del médico.

Inelegibilidad: Ciertas condiciones y actividades pueden hacer que un solicitante sea inelegible para una visa. Ejemplos de estas incluyen: el tráfico de drogas; haber estado ilegalmente en los Estados; Unidos; y la presentación de documentos fraudulentos para obtener una visa. Si usted no es elegible para una visa, será informado por el oficial consular y le dirán si hay una un perdón a su disposición.

Un oficial consular lo entrevistará y determinará si usted es elegible para recibir una visa de inmigrante conforme a las leyes de los Estados Unidos. Digitalmente le tomaran las huellas dactilares, y le regresarán los documentos originales que haya presentado.

**Expidiendo su Visa:** Si el oficial consular encuentra que todo esta en regla, le estampará en su pasaporte su visa de inmigrante, y le dará un paquete sellado conteniendo todos los documentos que ha presentado, para que lo entregue al oficial de inmigración al entrar a Estados Unidos. Es importante que no abra el paquete sellado. Sólo el oficial de inmigración de los Estados Unidos debe abrir ese paquete cuando entra usted al país. Usted está obligado a entrar a los EE.UU. antes de la fecha de caducidad impresa en su visa. Al viajar, el solicitante principal debe entrar a los Estados

Unidos, antes o al mismo tiempo que los miembros de la familia que obtuvieron visa como acompañantes.

## Capítulo Fifth – ENTRANDO A LOS ESTADOS UNIDOS

**En la Aduana.** Su visa de inmigrante EB-5 le permite solicitar la entrada a los Estados Unidos en un puerto fronterizo, aeropuerto, u otro punto de llegada. Los solicitantes deben ser conscientes de que una visa no garantiza la entrada a los Estados Unidos. El DHS, Aduanas y de Protección Fronteriza (CBP) tienen autoridad para permitirle o negarle la admisión a los Estados Unidos.

Inadmisibilidad: Usted puede ser inadmisible para recibir una Tarjeta Verde, si ha cometido algún delito, si ha mentido a algún oficial de inmigración, si ha mentido en alguna solicitud de inmigración, si ha formado parte de organizaciones terroristas, si sufre de alguna enfermedad física o mental de las que el USCIS ha determinado como causas de inadmisibilidad. No obstante podrá solicitar un perdón de causas de inadmisibilidad. Sus acompañantes también deberán demostrar ser admisibles.

Usted adquiere la condición de titular de la tarjeta verde sólo después de haber sido inspeccionado y admitido en los Estados Unidos. Debe hacer su entrada inicial dentro de los seis meses posteriores a su entrevista y expedición de su visa. Si viene con usted algún familiar de acompañante, ingresará en el mismo momento con usted o después de hacerlo usted, con el fin de convertirse en residentes permanentes.

Al llegar usted al puerto de entrada, el proceso de inspección consiste en que un oficial de inmigración, abrirá el sobre lacrado que contiene los documentos de visa, y hará una última comprobación del contenido para asegurarse de que todo esta en orden y no hay fraude alguno. Si algo esta mal en su paquete, o si al oficial no le gusta la manera en que usted contesta a las preguntas que él le hace, podría negarle la entrada a Estados Unidos y por consiguiente la expedición de su Tarjeta Verde. Sea educado y cuidadoso en contestar, pues el oficial esta investido de autoridad para hacerlo.

**Admitiéndolo como Residente Permanente:** Cuando el oficial esta convencido de que todo está en orden, le pondrá un sello en su pasaporte demostrando que usted es ahora un residente permanente de Estados Unidos y está autorizado a trabajar de inmediato. Su Tarjeta Verde (Forma I-551 Tarjeta de Registro de Extranjero) y la de sus acompañantes, serán ordenadas y le llegarán por correo a su domicilio en Estados Unidos un par de semanas más tarde, con fecha de caducidad de dos años.

El Término "Green Card" conocido mundialmente, fue la forma en que se le llamó a la tarjeta de registro de extranjero, según se cuenta el color verde que tenía dicha tarjeta era debido a que con ella podías trabajar en Estados Unidos y ganar "dólares" que son de color verde. Actualmente ya son de color blanco, pero se les sigue conociendo con ese término. Dicha tarjeta desde 1989 es expedida por 10 años, esto o significa que la residencia termina en 10 años, solo que la tarjeta debe de cambiarse por otra.

**Acompañantes su Esposa he Hijos:** Como ya lo he mencionado, si el inversionista es casado y tiene cónyuge he hijos solteros menores de 21 años, y le fue otorgada una Tarjeta Verde, su esposa he hijos tendrán el derecho de recibir también una en calidad de acompañantes del inversionista. Se les pedirá justificación del parentesco y algunos otros documentos. La Tarjeta Verde de sus acompañantes será expedida igual que la de usted, primero condicional y posteriormente permanente.

**Cuidado:**

**Algunas causas por las que podría perder su Tarjeta Verde ( o sea su Residencia legal Permanente)**

- Si usted vive fuera de los Estados Unidos

- Si permanece fuera más de 6 meses

- Si comete algún delito

- Si no avisa a las autoridades de inmigración su cambio de domicilio.

## Capítulo Sixth – FORMULARIO I-485 AJUSTE DE ESTATUS

**XIX.** Vista Rápida del Proceso

Son elegibles para solicitar una Tarjeta Verde, (Residencia Permanente), los empresarios extranjeros y su cónyuge, e hijos(as) solteros(as) menores de 21 años de edad, que inviertan en empresas comerciales en los Estados Unidos, y creen o conserven, por lo menos diez trabajos permanentes de tiempo completo, para trabajadores cualificados en los Estados Unidos,

Cada año fiscal se pueden autorizar hasta 10,000 visas EB-5 con derecho a Tarjeta Verde, para empresarios extranjeros que cumplen con los requisitos necesarios como por ejemplo, invertir un millón de dólares ($1,000,000) o por lo menos quinientos mil dólares, ($500,000), en un área específica de empleo (área rural o de alto desempleo). A cambio el USCIS podría otorgarle residencia permanente condicional a la persona. Esto se encuentra fundamentado en la  Sección 203(b) (5) de Ley de Inmigración y Nacionalidad (INA, por sus siglas en inglés) y  8 CFR 204.6.

### Criterios de elegibilidad

Usted podría ser elegible para hacer ajuste de estatus y recibir su residencia permanente basándose en inversión si:

- Tiene le aprobaron el *Formulario I-526 Solicitud de Inmigración de un Empresario Extranjero.*

- Es admisible en los Estados Unidos.

- Radica legalmente en los Estados Unidos.

- Hay visa disponible de inmigrante.

## Trámite de la solicitud. Si vive en los Estados Unidos.

Usted puede obtener la residencia permanente a través de un "Ajuste de Estatus" si vive en los Estados Unidos, una vez que se apruebe el F*ormulario I-526, Solicitud de Inmigración de un Empresario Extranjero*, podrá solicitar la residencia permanente condicional, presentando el *Formulario I-485, Solicitud de Residencia Permanente o Ajuste de Estatus*.

## Evidencia documental para el Formulario I-485

Deberá presentar la siguiente evidencia/documentos con su solicitud:

- Dos fotografías tipo pasaporte.

- Formulario G-325A, *Información biográfica,* si tiene entre 14 y 79 años de edad.

- Copia de una tarjeta de identidad con fotografía de preferencia pasaporte.

- Copia del Acta de Nacimiento.

- Copia de la página del pasaporte con la visa de no-inmigrante (si aplica).

- Copia de la página del pasaporte con sello de admisión o sello de exención (si correspondiera).

- Tarjeta I-94, *Registro de Entrada / Salida* (si aplica).

- Copias certificadas de registros de la Corte (si ha sido arrestado).

- Formulario I-693, *Informe Médico y de Vacunación.*

- *Pago de las Tarifas que aplican.*

- *Documento I-797 Notificación de Acción (notificación de aprobación del Formulario I-526)*

## Familiares de Empresarios

Su cónyuge e hijos solteros menores de 21 años de edad (conocidos como derivados) pueden ser incluidos en la petición de inmigración. Si viven en los Estados Unidos cada uno tendrá que presentar el Formulario I-485. Se contabilizan dentro del número límite de 10,000 visas.

## Permiso para trabajar y viajar

Generalmente, cuando tiene un Formulario I-485 en trámite, es posible solicitar la autorización para trabajar en los Estados Unidos y permiso por adelantado para viajar y ser admitido a los Estados Unidos a su regreso).

## XX.    Radicando en los Estados Unidos

Usted puede obtener la residencia permanente a través de un Ajuste de Estatus si vive en los Estados Unidos. Una vez que se apruebe el F*ormulario I-526, Solicitud de Inmigración de un Empresario Extranjero* y haya un número de visa disponible, podrá solicitar la residencia permanente condicional presentando el *Formulario I-485, Solicitud de Residencia Permanente o Ajuste de Estatus*.

Lo más conveniente para el ajuste de estatus es hacerlo si se puede desde el interior de los Estados Unidos, enviando su solicitud al Centro de Servicios más cercano del USCIS y tener una entrevista en sus oficinas. Porque una vez que ha presentado su solicitud cambia su estatus, su estancia es legal, y puede solicitar un permiso de trabajo.

Si se presentara un problema en le trámite de su solicitud, puede permanecer legalmente en el país hasta solucionarlo. Y en caso de que le negaran la Tarjeta Verde tendrá derecho de apelar la resolución, lo que no puede hacer si la negativa se la dieran en el extranjero en una embajada o consulado. Es por lo que la mayoría de las personas prefieren pedir el ajuste de estatus en los estados Unidos.

El ajuste de estatus procede solamente si usted esta viviendo legalmente en los Estados Unidos, por ejemplo con una visa de inversionista E-2, pero si esta viviendo ilegalmente, o ha trabajado sin autorización, o entró legal con el programa "perdón de visa" no tendrá derecho al ajuste de estatus.

Si usted tiene dudas de ser elegible para el ajuste de estatus, es mejor que salga del país y continué su tramite en una embajada o consulado, al parecer es más rápido que en el consulado le extiendan su visa EB-5 Tarjeta Verde, que esperar el ajuste de estatus dentro del país.

Tome en cuanta que si usted ha vivido dentro de estados Unidos más de 180 días ilegalmente, o ha entrando en la frontera sin inspección, no le será otorgada su visa y tendrá un castigo de 3 o 10 años antes de autorizarle una visa.

## XXI.    Proceso

El proceso de ajustar su estatus a residente permanente, implica la preparación de un conjunto de formularios y documentos, (una solicitud para cada quien, usted, su cónyuge, y cada uno de sus hijos que acompañan), que se enviarán a un centro de servicio de USCIS, y al cabo de varias semanas o meses le llamaran para que vaya a estampar sus huellas dactilares, y posteriormente esperar un par de semanas o meses más, hasta que le llamen para una entrevista en las oficinas locales del USCIS (no en aquella oficinas a la que usted envió su solicitud).

Después de su entrevista, le aprobarán su Tarjeta Verde residencia permanente con una condición de 2 años. En algunos casos, la entrevista no se lleva a cabo y solo le llega la notificación de aprobación.

Al presentar su solicitud de ajuste de estatus, usted y los miembros de su familia puede solicitar permiso para trabajar (un Documento de Autorización de Empleo o EAD). La EAD tarda unos 90 días en llegar. Es válido por uno o dos años, y se puede ampliar tantas veces como que sea necesario, hasta que se decida su solicitud de ajuste de estatus.

En algunos casos puede tardar la autorización de su Tarjeta Verde, debido a la revisión de sus antecedes hecha por el FBI, de sus huellas dactilares, de su nombre. Muchos de los solicitantes tienen nombres similares y la CIA debe realizar una verificación que puede tardar meses o incluso años. Si usted le han informado de que su caso se encuentra detenido, debido a los controles de seguridad, debe de contactar con la persona encargada de la investigación, para ayudarle a terminarla lo más pronto posible.

## A. Documentos para la I-485

Primero deberá llenar el formulario I-485 para realizar el ajuste de estatus, es la solicitud de Residencia Permanente. La cual se acompaña de otros formularios y documentos.

Puede obtener los formularios en línea en www.uscis.gov. Haga clic en "Formularios de Inmigración", a continuación, desplácese hacia abajo y seleccione los formularios que necesita.

La siguiente lista le ayudará a formar su expediente y mantener un registro de los formularios y documentos apropiados. Igualmente lo deberá hacer para las solicitudes de su cónyuge e hijos que lo acompaña.

## Lista de Formularios y Documentos para el Ajuste de Estatus

### Formularios

**Formulario I-485,** con la cuota de presentación (actualmente $ 1,070 para los solicitantes de entre 14 y 79 años, más $85 como pago por Servicios biométricos. Para los acompañantes o derivados menores de 14 años son $635 dólares, que presentan su solicitud al mismo tiempo que uno de los padres, y $985 para los solicitantes menores de 14 años que no la están presentando al mismo tiempo con su padre). Se aceptan cheques y giros postales, pero no envían dinero en efectivo por correo.

**Formulario G-325A.** *Información biográfica,* si tiene entre 14 y 79 años de edad.

**Formulario I-765.** (opcional, si quiere un permiso de trabajo). El I-765 Pregunta 16, responder a la pregunta "(c) (9)."

**Formulario I-131.** Solicitud de Documento de Viaje (Advance Parole), Si usted piensa que necesita viajar fuera de los Estados Unidos, mientras que su solicitud esta en proceso.

**Formulario I-1145 Notificación Electrónica.** Si desea recibir un mensaje de correo electrónico y/o mensaje de texto cuando su Formulario I-485 haya sido recibido en la Localidad Segura de USCIS.

**Documentos**

Recuerde que todos los documentos en lengua extranjera, deben ir acompañados de una traducción al Inglés con la certificación del traductor.

1. Copia de la notificación de aprobación del formulario I-526.

2. Copia de la visa de no-inmigrante (si aplica).

3. Copia de su acta de nacimiento y de los familiares que lo acompañan.

4. Certificado de matrimonio si está casado y trae a su cónyuge.

5. Si usted o su cónyuge han estado casados anteriormente, las copias de los certificados de divorcio o defunción que muestra la terminación de todos los matrimonios anteriores.

6. Copia del pasaporte de su país.

7. Copia de registros de la corte (si ha sido arrestado).

8. Copia del anverso y reverso de la tarjeta I-94 (la pequeña tarjeta blanca colocada en su pasaporte) que recibió al entrar a los Estados Unidos de usted y de cada familiar que lo acompañan. La falta de este documento da lugar a una conclusión que se ha introducido o se ha mantenido en los Estados Unidos ilegalmente, y por lo tanto no es elegible para ajustar desde el interior. Si usted llegó a los Estados Unidos por avión o barco, después del 30 de abril de 2013, posiblemente no se le entregó en papel la forma I-94, sino que le fue expedida en forma electrónica impresa en su pasaporte, por lo tanto debe de solicitar en la página web del USCIS www.cbp.gov/i94 le sea enviada una versión impresa de su I-94 de entrada. Lo mismo que si usted perdió su forma I-94, puede solicitar le envíen otra. Este servicio no tiene costo alguno. Si por algún motivo no puede obtener su I-94 de esa forma, puede solicitarla al USCIS presentando la solicitud I-102 denominada solicitud de Nuevo/Remplazo de registro de llegada o salida de No-Inmigrante. Este servicio no tiene costo alguno.

9. Seis fotografías de usted y seis fotografías de cada familiar que lo acompaña, en el estilo de pasaporte estadounidense (lo mejor es que se las tome en un lugar profesional). Escriba su nombre y un número de registro de

extranjero (si antes ha recibido uno de USCIS) a lápiz en el reverso de cada foto. Seis fotografías es si va a presentar los Formularios I-765 e I-131 al mismo tiempo. Si no, puede restar dos fotos para cada formulario que no presenta.

10. Sobre cerrado del informe del examen médico de usted y cada uno de sus familiares que lo acompañan (Formulario I-693, llenado y firmado por un médico certificado por el USCIS, y se presentan en un sobre sin abrir). El costo de ese examen médico es por lo general alrededor de $150 dólares por examen, dependiendo del médico. El examen en sí consiste en tomar una historia clínica, análisis de sangre y una radiografía de tórax y la administración de las vacunas en su caso. Las mujeres embarazadas pueden negarse a ser una radiografía hasta después de que nazca el bebé. En el sitio web del USCIS encontrará el formulario, así como una lista de médicos aprobados en su área. El médico le dará los resultados en un sobre cerrado que usted no debe de abrir y solo acompañarlo a su solicitud.

**Sugerencia**

Al llenar el Formulario I-485 verá en la primera página del formulario, bajo "Parte 2: Aplicación", que se le pide que elija el carácter con el que usted está solicitando una tarjeta verde. Marque en la caja "B" si es usted el inversionista, y la caja "b" si usted es cónyuge o hijo del inversionista.

### B. Formulario I-765 Autorización de Empleo

Si quieres usted trabajar antes de que se apruebe su solicitud para una tarjeta verde, debe presentar una solicitud por separado. Presentando junto con su ajuste de estatus el formulario I-765 al que acompañará copia de su tarjeta I-94 y no pagará una cuota por este formulario. Puede presentar la solicitud de autorización de empleo al mismo tiempo que la de ajuste de estatus. El USCIS legalmente tiene un máximo de 90 días para tomar una decisión sobre su solicitud de empleo. Si por alguna razón, no le resuelven dentro de 75 días, es bueno que usted solicite una cita en las oficinas locales de USCIS, a través del sistema InfoPass, en www.uscis.gov para solicitarles le resuelvan antes de que se llegue a los 90 días.

### C. Formulario I-131 Permiso de Viaje

Una vez que su solicitud de ajuste de estatus ha sido presentada, no debe salir del país sin antes solicitar y recibir un permiso de viaje para reingresar a los Estados Unidos (Advance Parole), si lo hace se presumirá que ha abandonado su tramite y posiblemente a su regreso no lo dejen ingresar al país.

Hay una excepción a esta regla para las personas con visa H-1B o L-1. Ellos si pueden viajar internacionalmente sin abandonar su solicitud de ajuste de estatus.

Su solicitud de permiso de viaje (Advance Parole) se solicita presentando el  Formulario I-131, con dos fotografías tipo pasaporte, y una copia de su pasaporte. Su cónyuge debe incluir el certificado de matrimonio y los niños deben incluir las partidas de nacimiento.

No pagará una cuota por este formulario y puede presentar la solicitud de autorización de empleo al mismo tiempo que la de ajuste de estatus.

## D. Formulario G-1145 Notificación Electrónica

Notificación Electrónica: Si desea recibir un mensaje de correo electrónico y/o mensaje de texto cuando su Formulario I-485 haya sido recibido en la Localidad Segura de USCIS, complete el Formulario G-1145. Notificación Electrónica de Aceptación de Solicitud / Petición y grápelo a la primera página de su solicitud. Puede descargar dicho formulario desde el enlace que aparece al inicio de este párrafo.

Este servicio está disponible solamente para los formularios que se presentan en las Localidades Seguras (Lockbox) en Lewisville, Texas; Chicago, Illinois y Phoenix, Arizona.

La notificaciones electrónicas no incluyen ninguna información personal, ni siquiera su nombre, porque los correos electrónicos y mensajes de texto no son vías seguras de transmitir información. La notificación incluirá su número de recibo y le dirá cómo obtener el estatus de su caso.

## E. Enviando por Correo el Paquete de Ajuste de Estatus

Una vez que haya formado el paquete con los formularios y documentos solicitados, deberá enviarlo por correo a un Centro de Servicio de USCIS. (Hágalo por correo certificado con acuse de recibo, y quédese con una copia de todo lo que envió, recuerde que solo se envían copias fotostáticas simples de todos los documentos). A la fecha en que este libro fue escrito, todos los ajustes visa de inversionista eran enviados al Centro de Servicio de Dallas Texas.

**Localidad Segura (Locbox) de USCIS en Dallas**

Para entregas del Servicio Postal de Estados Unidos (USPS):

USCIS

PO Box 660867

Dallas, TX 75266


Para entrega por correo privado/expreso:

USCIS

Attn: AOS

2501 S. State Hwy, 121 Business

Suite 400

Lewisville, TX 75067

USCIS Dallas Lockbox

**Tiempo de Procesamiento:** Dentro de los 90 días posteriores a la presentación de su solicitud de tarjeta verde, recibirá un aviso informándoles de su cita para la toma de huellas dactilares. Y es posible que tenga que esperar unos meses más, para una entrevista en las oficinas del USCIS.

Para saber el tiempo que tardan en el procesamiento de su solicitud, vaya a www.uscis.gov y haga clic en "tiempos de procesamiento." En el aviso que le llegue para su entrevista, le dirán si necesitan cualquier información adicional.

## Lista de documentos (originales)
## que debe llevar a su entrevista

> Copia fotostática de su I-485, En terminos generals de todo el expediente que envió por correo de su solicitud de tarjeta verde.

> Todos los pasaportes (actual y vencido).

> Licencia de conducir o tarjeta de identificación estatal.

> Tarjeta de Seguro Social (si tiene)

> documento Advance Parole (s) y tarjeta de EAD (s) (permiso de trabajo).

> Certificado de nacimiento.

> Certificado de matrimonio / licencia (si los hay).

> Certificados de divorcio / defunción de matrimonios anteriores (si los hay).

> Todas las demás notificaciones Formulario I-797 del USCIS originales para el estatus solicitado.

> Tarjeta I-94.

> Las actualizaciones de lo que expuso en su aplicación. Por ejemplo, si usted ha dado a luz a otro niño, llevar el certificado de nacimiento.

> Cualquier otro documento requerido en la convocatoria entrevista

## F. Entrevista de Ajuste de Estatus en el USCIS

Después de presentar su forma de ajuste de estatus, podría ser llamado para una entrevista personal, que se llevará a cabo en una oficina de USCIS cercana de su domicilio. A veces las entrevistas personales no se llevan a cabo cuando se aplica en base a una inversión. Si el USCIS le requiere que asista a una entrevista, le enviarán a usted y a sus acompañantes una notificación con dos semanas de anticipación, indicándoles la fecha, lugar y hora.

Si todo está en orden, su solicitud será aprobada al término de la entrevista o poco después. Su pasaporte será sellado para demostrar que usted ha sido admitido en los Estados Unidos como residente condicional y su tarjeta de residencia se le ordenará, la cual le llegará por correo a su domicilio varias semanas después de su entrevista, su tarjeta tendrá una fecha de caducidad de dos años.

Si tiene que viajar fuera de los Estados Unidos antes de que llegue su tarjeta verde, debe ir a la oficina de USCIS con su pasaporte y la notificación por escrito de la aprobación. Un sello temporal será colocado en su pasaporte, lo que le permitirá volver a entrar al país al volver de su viaje. No salga del país sin su tarjeta de residencia o un sello temporal en su pasaporte.

**Cuidado:**

**Algunas causas por las que podría perder su Tarjeta Verde ( o sea su Residencia legal Permanente)**

Si usted vive fuera de los Estados Unidos

Si permanece fuera más de 6 meses

Si comete algún delito

Si no avisa a las autoridades de inmigración su cambio de domicilio.

## Capítulo Seventh - FORMULARIO I-829 REMOCIÓN DE CONDICIONES

## XXII.   Generalidades

Cambio de Residencia Condicional a Residencia Permanente. La cuota por la presentación del formulario es de $3,750 además de una tarifa para exámenes biométricos de $80. Una cuota de biometría adicional de $85 debe abonarse por cada dependiente residente condicional.

Para obtener la residencia permanente legal, los inversionistas que cumplan con los requisitos deberán enviar el Formulario I-829, Petición de un empresario de eliminación de condiciones. El Formulario I-829 debe enviarse dentro de los 90 días anteriores a la fecha del segundo aniversario del ingreso del inversionista extranjero en los Estados Unidos como residente condicional.

Como lo hemos dicho anteriormente, las tarjetas de residencia a través de la inversión se emiten primero condicionalmente por dos años. Noventa días antes de la expiración de su estatus de residente condicional debe iniciar un procedimiento para la eliminación de las condiciones de su residencia, en el centro de servicio de USCIS con jurisdicción en la zona donde se encuentra su empresa, presentando la forma I-829 con los documentos necesarios. Su cónyuge he hijos deben de ser incluidos en el formulario.

Después de que el USCIS recibe su solicitud I-829, le enviará una notificación de recibido. Conserve muy bien esa notificación, es una prueba de que su estatus ha sido prorrogado por los meses que el USCIS tardará en aprobar su residencia permanente. Si tiene que salir del país, acuda con ese recibo y su tarjeta de residencia caducada a la oficina local del USCIS (primero haga una cita por internet en InfoPass). El USCIS estampará en su pasaporte un sello denominado I-551 que le permite salir y regresar. Si el tiempo expira antes de que haya recibido una respuesta de el USCIS sobre su Tarjeta Blanca, de nueva cuenta vaya a la oficina local de USCIS con su pasaporte para que extiendan aún más su el tiempo y pueda viajar fuera del país.

## XXIII.    Obligaciones del Inversionista.

Es muy importante que ponga mucha atención a el procedimiento, pues de no cumplir con todas y cada una sus obligaciones de inversionista, se le negará la residencia permanente y tendrá que salir del país.

Entre las obligaciones que debe de cumplir dentro de esos dos años son:

- Haber hecho la inversión del monto total.

- Haber creado 10 empleos nuevos.

- Estar el negocio operando.

- Estar el inversionista trabajando activamente en el negocio.

- Tener el capital invertido en el negocio.

Los extranjeros que han cumplido con los requisitos, son aquellos que han invertido o se encuentran dedicados activamente al proceso de invertir la cantidad necesaria de capital en la nueva empresa que han establecido. Deberán demostrar además que esa inversión es benéfica para la economía de los Estados Unidos y que ha creado el número de empleos a tiempo completo que se exige para las personas cualificadas dentro de los Estados Unidos.

**Quien invirtió en un centro regional deberá:** Demostrar que la "inversión calificada" se ha hecho en una nueva empresa ubicada dentro del Centro regional aprobado.

Mostrar usando metodologías razonables, que en efecto se han creado diez o más empleos gracias a la nueva empresa, ya sea directa o indirectamente, o que se han generado mayores ingresos por un aumento de las exportaciones, o también una mejoría en la productividad regional con la creación de empleos o aumento de la inversión de capital nacional como resultado de este programa piloto.

## XXIV.   Proceso

Usted debe presentar el Formulario I-829 dentro del periodo de 90 días que precede al día en que se cumplan dos años de su admisión a los Estados Unidos como residente permanente condicional. Después recibirá una notificación de recibido.

Posteriormente se le enviará una notificación informándole cuando y donde tiene usted que presentarse para el procesamiento de datos biométricos. (Por lo general en un Centro de Apoyo del USCIS) el procesamiento biométrico incluye tomar su fotografía, la firma y la huella dactilar del índice, para su uso en la generación de su nueva tarjeta verde. Si usted está entre las edades de 14 y 79, también incluye tomar sus huellas dactilares, con el fin de hacer otra revisión de antecedentes penales.

El USCIS puede o no entrevistarlo en relación con la presentación de la solicitud I-829. Si de la documentación que acompaña queda claro que han cumplido los requisitos para la tarjeta verde, podría ser aprobada sin una entrevista.

Si el USCIS requiere de una entrevista, se le citará en una oficina local del USCIS cerca de donde se encuentra su empresa comercial. Si usted no se presenta para la entrevista, las regulaciones del USCIS especifican que el USCIS debe poner, al peticionario-empresario, en un proceso de deportación. (Si eso sucede, usted todavía puede escribir

USCIS y solicitar que la entrevista será reprogramada o perdonada. Si se reprograma o perdona, su estatus de residente condicional se restaurará De lo contrario, la petición tiene que ser considerada en la Corte de Inmigración)

## XXV.    Lista de Formas y Documentos para la Eliminación de Condición

A. Formulario I-829, con la cuota de presentación (actualmente $3,750.00; incluye datos biométricos para el solicitante principal).

B. Cuota de biometría por cada dependiente (cónyuge o hijo) incluye en su solicitud (actualmente $85.00).

C. Las copias de sus tarjetas de residencia de todos los miembros de la familia.

D. Evidencias de que en realidad se estableció la empresa comercial (tales como declaraciones de impuestos federales).

E. Pruebas de que usted invirtió activamente el capital necesario (Actas constitutivas de incorporación, una licencia de negocio, y los estados financieros).

F. Pruebas de que usted ha cumplido sustancialmente y ha mantenido la inversión de capital a través de su residencia condicional (tales como estados de cuenta bancarios, facturas, recibos, contratos, declaraciones de impuestos, etc.).

G. Evidencias de que la empresa ha generado empleo (o pronto lo hará) para diez trabajadores estadounidenses, tales como nóminas, documentos fiscales, y las formas I-9. (Si la inversión se encontraba en un "negocio con problemas," presentar pruebas de que el número de empleados se mantuvo durante el período de residencia condicional de dos años.)

H. Evidencia de la existencia de la empres podría incluir, pero no está limitada a:

o  Facturas y recibos de la empresa

o  Estados bancarios

o  Contratos

o  Licencias de la empresa

o  Copias completas de declaraciones de impuestos federales o estatales o estados de cuenta trimestrales de sus impuestos.


I. Creación de Empleos:  Evidencia de que creó, o creará dentro de un tiempo razonable 10 empleos a tiempo completo para empleados cualificados.  Tal evidencia podría incluir, pero no está limitada a:

o  Registros de nóminas de la empresa

o Documentos de impuestos que sean relevantes

o Formularios I-9 de empleados

J. Protección de empleos de empresa en riesgo: La mismas evidencias mencionadas anteriormente relacionadas con la creación de empleos, con excepción a que el inversionista debe demostrar que ha mantenido (no creado) la misma cantidad de empleados, en un nivel que no sea menor al nivel antes de la inversión, durante el periodo posterior a su admisión como residente permanente condicional.

* Nota: Para que pueda la petición ser aprobada, deberá mantener al menos 10 empleos.

* Nota: Los casos relacionados a Centros Regionales, deben demostrar que la inversión de capital fue hecha de acuerdo con el plan de negocios, del centro regional, para que pueda ser acreditada a la creación indirecta de empleos.

**Negativa.** Si a satisfacción del USCIS el inversionista no pude justificar alguna de las anteriores obligaciones, perderá su Tarjeta Verde y deberá salir voluntariamente del País, o estará a merced de una deportación.

**La falta de presentación de la forma I-829** con la documentación necesaria, dentro del período de 90 días anteriores al cumplirse dos años de haber recibido la residencia permanente, motivará que el USCIS de por terminada su condición de residente, y puede iniciar el procedimiento de remoción (deportación) en contra de usted y su familia.

Si se le venció el plazo puede presentar la petición de remoción de "buena causa y las circunstancias atenuantes" al tiempo de que USCIS comience un proceso de deportación. Después de que su caso llegue a la Corte de Inmigración, el juez podrá dar por terminado el procedimiento y restablecer la condición de residente permanente, pero sólo si el USCIS está de acuerdo en esto.

**Remoción de Condición.** Por el contrario, si el USCIS determina que el inversionista ha cumplido durante esos dos primeros años con todas sus obligaciones, removerá la residencia condicional y le otorgará Residencia Legal Permanente, expidiéndole una nueva Tarjeta Verde.

**Ciudadanía Americana.** Después de cinco años de conservar su residencia legal permanente (su Green Card) y vive en los estados Unidos, tiene el derecho de aplicar para solicitar la ciudadanía americana.

**Capítulo Eighth**

**Formularios**

Los siguientes formularios usted los puede obtener gratuitamente y actualizados en la pagina www.uscis.gov

Ahí mismo podrá encontrar los instructivos de llenado de cada formulario, es importante que los lea antes de iniciar el llenado de sus formas.

# XXVI.    Formulario G-1145 Notificación Electrónica

**e-Notification of Application/Petition Acceptance**
Department of Homeland Security
U.S. Citizenship and Immigration Services

USCIS
Form G-1145
OMB No. 1615-0109
Expires 09/30/2016

### What Is the Purpose of This Form?

Use this form to request an electronic notification (e-Notification) when U.S. Citizenship and Immigration Services accepts your immigration application. This service is available for applications filed at a USCIS Lockbox facility.

### General Information

Complete the information below and clip this form to the first page of your application package. You will receive one e-mail and/or text message for each form you are filing.

We will send the e-Notification within 24 hours after we accept your application. Domestic customers will receive an e-mail and/or text message; overseas customers will only receive an e-mail. Undeliverable e-Notifications cannot be resent.

The e-mail or text message will display your receipt number and tell you how to get updated case status information. It will not include any personal information. The e-Notification does not grant any type of status or benefit; rather it is provided as a convenience to customers.

USCIS will also mail you a receipt notice (I-797C), which you will receive within 10 days after your application has been accepted; use this notice as proof of your pending application or petition.

### USCIS Privacy Act Statement

**AUTHORITIES:** The information requested on this form is collected pursuant to section 103(a) of the Immigration and Nationality Act, as amended INA section 101, et seq.

**PURPOSE:** The primary purpose for providing the information on this form is to request an electronic notification when USCIS accepts immigration form. The information you provide will be used to send you a text and/or email message.

**DISCLOSURE:** The information you provide is voluntary. However, failure to provide the requested information may prevent USCIS from providing you a text and/or email message receipting your immigration form.

**ROUTINE USES:** The information provide on this form will be used by and disclosed to DHS personnel and contractors in accordance with approved routine uses, as described in the associated published system of records notices [**DHS-USCIS-007 - Benefits Information System and DHS-USCIS-001 - Alien File (A-File) and Central Index System (CIS)**, which can be found at www.dhs.gov/privacy]. The information may also be made available, as appropriate for law enforcement purposes or in the interest of national security.

### Paperwork Reduction Act

An agency may not conduct or sponsor an information collection and a person is not required to respond to a collection of information unless it displays a currently valid OMB control number. The public reporting burden for this collection of information is estimated at 3 minutes per response, including the time for reviewing instructions and completing and submitting the form. Send comments regarding this burden estimate or any other aspect of this collection of information, including suggestions for reducing this burden, to: U.S. Citizenship and Immigration Services, Regulatory Coordination Division, Office of Policy and Strategy, 20 Massachusetts Avenue, NW, Washington, DC 20529-2140. OMB No. 1615-0109. **Do not mail your completed Form G-1145 to this address.**

Complete this form and clip it on top of the first page of your immigration form(s).

| Applicant/Petitioner Full Last Name | Applicant/Petitioner Full First Name | Applicant/Petitioner Full Middle Name |
|---|---|---|
| E-mail Address | | Mobile Phone Number (Text Message) |

Form G-1145 09/15/14 Y

Page 1 of 1

# XXVII.    Formulario I-485 Ajuste de Estatus

Viene en 6 hojas.

OMB No. 1615-0023; Expires 06/30/15

Department of Homeland Security
U.S. Citizenship and Immigration Services

**Form I-485, Application to Register**
**Permanent Residence or Adjust Status**

**START HERE - Type or Print** (Use black ink)

| Part 1. Information About You | For USCIS Use Only |
|---|---|

| | Returned | Receipt |
|---|---|---|

Family Name *(Last Name)*    Given Name *(First Name)*    Middle Name

Address - Street Number and Name                          Apt. No.

Resubmitted

C/O *(in care of)*

City                   State                   ZIP Code

Reloc Sent

Date of Birth *(mm/dd/yyyy)*          Country of Birth

Country of Citizenship/Nationality    U.S. Social Security No. *(if any)*    A-Number *(if any)*

Reloc Rec'd

Date of Last Arrival *(mm/dd/yyyy)*        I-94 Number

Current USCIS Status          Expires on *(mm/dd/yyyy)*

Applicant
Interviewed

**Part 2. Application Type** *(Check one)*

**I am applying for an adjustment to permanent resident status because:**

**a.** ☐ An immigrant petition giving me an immediately available immigrant visa number that has been approved. (Attach a copy of the approval notice, or a relative, special immigrant juvenile, or special immigrant military visa petition filed with this application that will give you an immediately available visa number, if approved.)

**b.** ☐ My spouse or parent applied for adjustment of status or was granted lawful permanent residence in an immigrant visa category that allows derivative status for spouses and children.

**c.** ☐ I entered as a K-1 fiancé(e) of a U.S. citizen whom I married within 90 days of entry, or I am the K-2 child of such a fiancé(e). (Attach a copy of the fiancé(e) petition approval notice and the marriage certificate.)

**d.** ☐ I was granted asylum or derivative asylum status as the spouse or child of a person granted asylum and am eligible for adjustment.

**e.** ☐ I am a native or citizen of Cuba admitted or paroled into the United States after January 1, 1959, and thereafter have been physically present in the United States for at least 1 year.

**f.** ☐ I am the husband, wife, or minor unmarried child of a Cuban described above in (e), and I am residing with that person, and was admitted or paroled into the United States after January 1, 1959, and thereafter have been physically present in the United States for at least 1 year.

**g.** ☐ I have continuously resided in the United States since before January 1, 1972.

**h.** ☐ Other basis of eligibility. Explain (for example, I was admitted as a refugee, my status has not been terminated, and I have been physically present in the United States for 1 year after admission). If additional space is needed, see **Page 3** of the instructions.

**I am already a permanent resident and am applying to have the date I was granted permanent residence adjusted to the date I originally arrived in the United States as a nonimmigrant or parolee, or as of May 2, 1964, whichever date is later, and:** *(Check one)*

**i.** ☐ I am a native or citizen of Cuba and meet the description in (e) above.

**j.** ☐ I am the husband, wife, or minor unmarried child of a Cuban and meet the description in (f) above.

**Section of Law**
☐ Sec. 209(a), INA
☐ Sec. 209(b), INA
☐ Sec. 13, Act of 9/11/57
☐ Sec. 245, INA
☐ Sec. 249, INA
☐ Sec. 1 Act of 11/2/66
☐ Sec. 2 Act of 11/2/66
☐ Other

**Country Chargeable**

**Eligibility Under Sec. 245**
☐ Approved Visa Petition
☐ Dependent of Principal Alien
☐ Special Immigrant
☐ Other

**Preference**

**Action Block**

**To be Completed by**
*Attorney or Representative, if any*
☐ Fill in box if Form G-28 is attached to represent the applicant.

VOLAG No

ATTY State License No.

Form I-485 (Rev. 06/20/13) Y

FORMI-485REV06-20-13Y

**Part 3. Processing Information**

**A.** City/Town/Village of Birth

Current Occupation

Your Mother's First Name

Your Father's First Name

Give your name exactly as it appears on your Form I-94, Arrival-Departure Record

Place of Last Entry Into the United States
*(City/State)*

In what status did you last enter? *(Visitor, student, exchange visitor, crewman, temporary worker, without inspection, etc.)*

Were you inspected by a U.S. Immigration Officer?    Yes ☐    No ☐

Nonimmigrant Visa Number

Consulate Where Visa Was Issued

Date Visa Issued *(mm/dd/yyyy)*    Gender
☐ Male    ☐ Female

Marital Status
☐ Married    ☐ Single    ☐ Divorced    ☐ Widowed

Have you ever applied for permanent resident status in the U.S.?    ☐ Yes *(If "Yes" give date and place of filing and final disposition.)*    ☐ No

**B.** List your present spouse and all of your children (include adult sons and daughters). (If you have none, write "None." If additional space is needed, see **Page 3** of the instructions.)

| Family Name *(Last Name)* | Given Name *(First Name)* | | Middle Initial | Date of Birth *(mm/dd/yyyy)* |
|---|---|---|---|---|
| Country of Birth | Relationship | A-Number *(if any)* | Applying with you? Yes ☐ No ☐ | |
| Family Name *(Last Name)* | Given Name *(First Name)* | | Middle Initial | Date of Birth *(mm/dd/yyyy)* |
| Country of Birth | Relationship | A-Number *(if any)* | Applying with you? Yes ☐ No ☐ | |
| Family Name *(Last Name)* | Given Name *(First Name)* | | Middle Initial | Date of Birth *(mm/dd/yyyy)* |
| Country of Birth | Relationship | A-Number *(if any)* | Applying with you? Yes ☐ No ☐ | |
| Family Name *(Last Name)* | Given Name *(First Name)* | | Middle Initial | Date of Birth *(mm/dd/yyyy)* |
| Country of Birth | Relationship | A-Number *(if any)* | Applying with you? Yes ☐ No ☐ | |
| Family Name *(Last Name)* | Given Name *(First Name)* | | Middle Initial | Date of Birth *(mm/dd/yyyy)* |
| Country of Birth | Relationship | A-Number *(if any)* | Applying with you? Yes ☐ No ☐ | |

FORMI-485REV06-20-13YPAGE2

Form I-485 (Rev. 06/20/13) Y Page 2

**Part 3. Processing Information** *(Continued)*

**C.** List your present and past membership in or affiliation with every organization, association, fund, foundation, party, club, society, or similar group in the United States or in other places since your 16th birthday. Include **any military service** in this part. If none, write "None." Include the name of each organization, location, nature, and dates of membership. If additional space is needed, attach a separate sheet of paper. Continuation pages must be submitted according to the guidelines provided on **Page 3** of the instructions under **General Instructions**.

| Name of Organization | Location and Nature | Date of Membership From | Date of Membership To |
|---|---|---|---|
| | | | |
| | | | |
| | | | |
| | | | |
| | | | |

Answer the following questions. (If your answer is **"Yes"** to any question, explain on a separate piece of paper. Continuation pages must be submitted according to the guidelines provided on **Page 3** of the instructions under **General Instructions**. Information about documentation that must be include with your application is also provide in this section.) Answering **"Yes"** does not necessarily mean that you are not entitled to adjust status or register for permanent residence.

1. Have you **EVER**, in or outside the United States:

   a. Knowingly committed any crime of moral turpitude or a drug-related offense for which you have not been arrested?  Yes ☐  No ☐

   b. Been arrested, cited, charged, indicted, convicted, fined, or imprisoned for breaking or violating any law or ordinance, excluding traffic violations?  Yes ☐  No ☐

   c. Been the beneficiary of a pardon, amnesty, rehabilitation decree, other act of clemency, or similar action?  Yes ☐  No ☐

   d. Exercised diplomatic immunity to avoid prosecution for a criminal offense in the United States?  Yes ☐  No ☐

2. Have you received public assistance in the United States from any source, including the U.S. Government or any State, county, city, or municipality (other than emergency medical treatment), or are you likely to receive public assistance in the future?  Yes ☐  No ☐

3. Have you **EVER**:

   a. Within the past 10 years been a prostitute or procured anyone for prostitution, or intend to engage in such activities in the future?  Yes ☐  No ☐

   b. Engaged in any unlawful commercialized vice, including, but not limited to, illegal gambling?  Yes ☐  No ☐

   c. Knowingly encouraged, induced, assisted, abetted, or aided any alien to try to enter the United States illegally?  Yes ☐  No ☐

   d. Illicitly trafficked in any controlled substance, or knowingly assisted, abetted, or colluded in the illicit trafficking of any controlled substance?  Yes ☐  No ☐

4. Have you **EVER** engaged in, conspired to engage in, or do you intend to engage in, or have you ever solicited membership or funds for, or have you through any means ever assisted or provided any type of material support to any person or organization that has ever engaged or conspired to engage in sabotage, kidnapping, political assassination, hijacking, or any other form of terrorist activity?  Yes ☐  No ☐

## Part 3. Processing Information *(Continued)*

5. Do you intend to engage in the United States in:

    a. Espionage?     Yes ☐   No ☐

    b. Any activity a purpose of which is opposition to, or the control or overthrow of, the Government of the United States, by force, violence, or other unlawful means?     Yes ☐   No ☐

    c. Any activity to violate or evade any law prohibiting the export from the United States of goods, technology, or sensitive information?     Yes ☐   No ☐

6. Have you **EVER** been a member of, or in any way affiliated with, the Communist Party or any other totalitarian party?     Yes ☐   No ☐

7. Did you, during the period from March 23, 1933 to May 8, 1945, in association with either the Nazi Government of Germany or any organization or government associated or allied with the Nazi Government of Germany, ever order, incite, assist, or otherwise participate in the persecution of any person because of race, religion, national origin, or political opinion?     Yes ☐   No ☐

8. Have you **EVER** been deported from the United States, or removed from the United States at government expense, excluded within the past year, or are you now in exclusion, deportation, removal, or rescission proceedings?     Yes ☐   No ☐

9. Are you under a final order of civil penalty for violating section 274C of the Immigration and Nationality Act (INA) for use of fraudulent documents or have you, by fraud or willful misrepresentation of a material fact, ever sought to procure, or procured, a visa, other documentation, entry into the United States, or any immigration benefit?     Yes ☐   No ☐

10. Have you **EVER** left the United States to avoid being drafted into the U.S. Armed Forces?     Yes ☐   No ☐

11. Have you **EVER** been a J nonimmigrant exchange visitor who was subject to the 2-year foreign residence requirement and have not yet complied with that requirement or obtained a waiver?     Yes ☐   No ☐

12. Are you now withholding custody of a U.S. citizen child outside the United States from a person granted custody of the child?     Yes ☐   No ☐

13. Do you plan to practice polygamy in the United States?     Yes ☐   No ☐

14. Have you **EVER** ordered, incited, called for, committed, assisted, helped with, or otherwise participated in any of the following:

    a. Acts involving torture or genocide?     Yes ☐   No ☐

    b. Killing any person?     Yes ☐   No ☐

    c. Intentionally and severely injuring any person?     Yes ☐   No ☐

    d. Engaging in any kind of sexual contact or relations with any person who was being forced or threatened?     Yes ☐   No ☐

    e. Limiting or denying any person's ability to exercise religious beliefs?     Yes ☐   No ☐

15. Have you **EVER**:

    a. Served in, been a member of, assisted in, or participated in any military unit, paramilitary unit, police unit, self-defense unit, vigilante unit, rebel group, guerrilla group, militia, or insurgent organization?     Yes ☐   No ☐

    b. Served in any prison, jail, prison camp, detention facility, labor camp, or any other situation that involved detaining persons?     Yes ☐   No ☐

16. Have you **EVER** been a member of, assisted in, or participated in any group, unit, or organization of any kind in which you or other persons used any type of weapon against any person or threatened to do so?     Yes ☐   No ☐

FORMI-485REV06-20-13YPAGE4          Form I-485 (Rev. 06/20/13) Y Page 4

**Part 3. Processing Information** *(Continued)*

17. Have you **EVER** assisted or participated in selling or providing weapons to any person who to your knowledge used them against another person, or in transporting weapons to any person who to your knowledge used them against another person?    Yes ☐    No ☐

18. Have you **EVER** received any type of military, paramilitary, or weapons training?    Yes ☐    No ☐

**Part 4. Accommodations for Individuals With Disabilities and/or Impairments** *(See **Page** 7 of the instructions before completing this section.)*

Are you requesting an accommodation because of your disability(ies) and/or impairment(s)?    Yes ☐    No ☐

If you answered "Yes," check any applicable box:

☐ **a.** I am deaf or hard of hearing and request the following accommodation(s) (if requesting a sign-language interpreter, indicate which language (e.g., American Sign Language)):

☐ **b.** I am blind or sight-impaired and request the following accommodation(s):

☐ **c.** I have another type of disability and/or impairment (describe the nature of your disability(ies) and/or impairment(s) and accommodation(s) you are requesting):

**Part 5. Signature** *(Read the information on penalties on **Page 8** of the instructions before completing this section. You must file this application while in the United States.)*

### Your Registration With U.S. Citizenship and Immigration Services

"I understand and acknowledge that, under section 262 of the Immigration and Nationality Act (INA), as an alien who has been or will be in the United States for more than 30 days, I am required to register with U.S. Citizenship and Immigration Services (USCIS). I understand and acknowledge that, under section 265 of the INA, I am required to provide USCIS with my current address and written notice of any change of address within 10 days of the change. I understand and acknowledge that USCIS will use the most recent address that I provide to USCIS, on any form containing these acknowledgements, for all purposes, including the service of a Notice to Appear should it be necessary for USCIS to initiate removal proceedings against me. I understand and acknowledge that if I change my address without providing written notice to USCIS, I will be held responsible for any communications sent to me at the most recent address that I provided to USCIS. I further understand and acknowledge that, if removal proceedings are initiated against me and I fail to attend any hearing, including an initial hearing based on service of the Notice to Appear at the most recent address that I provided to USCIS or as otherwise provided by law, I may be ordered removed in my absence, arrested, and removed from the United States."

### Selective Service Registration

**The following applies to you if you are a male at least 18 years of age, but not yet 26 years of age, who is required to register with the Selective Service System:** "I understand that my filing Form I-485 with U.S. Citizenship and Immigration Services (USCIS) authorizes USCIS to provide certain registration information to the Selective Service System in accordance with the Military Selective Service Act. Upon USCIS acceptance of my application, I authorize USCIS to transmit to the Selective Service System my name, current address, Social Security Number, date of birth, and the date I filed the application for the purpose of recording my Selective Service registration as of the filing date. If, however, USCIS does not accept my application, I further understand that, if so required, I am responsible for registering with the Selective Service by other means, provided I have not yet reached 26 years of age."

---

**Part 5. Signature** *(Continued)*

### Applicant's Statement *(Check one)*

☐ I can read and understand English, and I have read and understand each and every question and instruction on this form, as well as my answer to each question.

☐ Each and every question and instruction on this form, as well as my answer to each question, has been read to me in the _____ language, a language in which I am fluent, by the person named in **Interpreter's Statement and Signature**. I understand each and every question and instruction on this form, as well as my answer to each question.

I certify, under penalty of perjury under the laws of the United States of America, that the information provided with this application is all true and correct. I certify also that I have not withheld any information that would affect the outcome of this application.

I authorize the release of any information from my records that U.S. Citizenship and Immigration Services (USCIS) needs to determine eligibility for the benefit I am seeking.

| Signature *(Applicant)* | Print Your Full Name | Date *(mm/dd/yyyy)* | Daytime Phone Number *(include area code)* |
|---|---|---|---|
| | | | |

**NOTE**: *If you do not completely fill out this form or fail to submit required documents listed in the instructions, you may not be found eligible for the requested benefit, and this application may be denied.*

### Interpreter's Statement and Signature

I certify that I am fluent in English and the below-mentioned language.

**Language Used** *(language in which applicant is fluent)*

I further certify that I have read each and every question and instruction on this form, as well as the answer to each question, to this applicant in the above-mentioned language, and the applicant has understood each and every instruction and question on the form, as well as the answer to each question.

| Signature *(Interpreter)* | Print Your Full Name | Date *(mm/dd/yyyy)* | Phone Number *(include area code)* |
|---|---|---|---|
| | | | |

---

**Part 6. Signature of Person Preparing Form, If Other Than Above**

I declare that I prepared this application at the request of the above applicant, and it is based on all information of which I have knowledge.

| Signature | Print Your Full Name | Date *(mm/dd/yyyy)* | Phone Number *(include area code)* |
|---|---|---|---|
| | | | |

| Firm Name and Address | E-Mail Address *(if any)* |
|---|---|
| | |

---

## XXVIII. Formulario I-526 Solicitud de Inmigrante por un Empresario Extranjero. (viene en 3 hojas)

---

Department of Homeland Security
U.S. Citizenship and Immigration Services

OMB No. 1615-0026; Exp. 09/30/2016
**Form I-526, Immigrant Petition**
**by Alien Entrepreneur**

| Do Not Write in This Block - For USCIS Use Only (Except G-28 Block Below) | | |
|---|---|---|
| Classification | **Action Block** | Fee Receipt |
| _____ | | |
| Priority Date | | To be completed by Attorney or Representative, if any |
| _____ | | ☐ G-28 is attached |
| | | Attorney's State License No. _____ |
| Remarks: | | |

**START HERE - Type or print in black ink.**

### Part 1.  Information About You

| Family Name | Given Name | Middle Name |
|---|---|---|

Address - In Care of Name, if applicable

| Street Number and Name | | Apt. Number |
|---|---|---|
| City | State or Province | Country | Zip/Postal Code |

| Date of Birth *(mm/dd/yyyy)* | Country of Birth | Social Security Number (if any) | A-Number (if any) |
|---|---|---|---|

**If you are in the United States, provide the following information:**

| Date of Arrival *(mm/dd/yyyy)* | I-94 Number | Passport Number |
|---|---|---|
| Travel Document Number | Expiration Date for Passport or Travel Document | Country of Issuance for Passport or Travel Document |
| Current Nonimmigrant Status | Date Current Status Expires *(mm/dd/yyyy)* | Daytime Telephone Number (with Area Code) |

### Part 2.  Application Type *(Check one)*

a. ☐ This petition is based on an investment in a commercial enterprise in a targeted employment area for which the required amount of capital invested has been adjusted downward.

b. ☐ This petition is based on an investment in a commercial enterprise in an area for which the required amount of capital invested has been adjusted upward.

c. ☐ This petition is based on an investment in a commercial enterprise that is not in either a targeted area or in an upward adjustment area.

### Part 3.  Information About Your Investment

Name of commercial enterprise in which funds are invested *(Required Field - Do Not Leave Blank)*

Street Address

| Phone Number with Area Code | Business organized as (corporation, partnership, etc.) |
|---|---|

RECEIVED: _____ RESUBMITTED: _____ RELOCATED: SENT _____ REC'D _____

FORMI-526REV09-24-13Y

Form I-526 (09/24/13) N

**Part 3.   Information About Your Investment** *(Continued)*

| Kind of business (e.g. furniture manufacturer) | | Date established (mm/dd/yyyy) | | IRS Tax # | |
|---|---|---|---|---|---|
| Date of your initial investment (mm/dd/yyyy) | | Amount of your initial investment | $ | | |
| Your total capital investment in the enterprise to date | $ | Percentage of the enterprise you own | | | |

If you are not the sole investor in the new commercial enterprise, list on separate paper the names of all other parties (natural and non-natural) who hold a percentage share of ownership of the new enterprise and indicate whether any of these parties is seeking classification as an alien entrepreneur. Include the name, percentage of ownership, and whether or not the person is seeking classification under section 203(b)(5). **NOTE:** A "natural" party would be an individual person, and a "non-natural" party would be an entity such as a corporation, consortium, investment group, partnership, etc.

If you indicated in **Part 2** that the enterprise is in a targeted employment area or in an upward adjustment area, name the county and State:    County [    ]    State [    ]

**Part 4.   Additional Information About the Enterprise**

**Type of Enterprise (check one):**

☐ New commercial enterprise resulting from the creation of a new business.

☐ New commercial enterprise resulting from the purchase of an existing business.

☐ New commercial enterprise resulting from a capital investment in an existing business.

**Composition of the Petitioner's Investment:**

Total amount in U.S. bank account ............................................................................ $ [    ]

Total value of all assets purchased for use in the enterprise.................................... $ [    ]

Total value of all property transferred from abroad to the new enterprise.......................... $ [    ]

Total of all debt financing........................................................................................ $ [    ]

Total stock purchases................................................................................................ $ [    ]

Other (explain on separate paper).......................................................................... $ [    ]

**Total**    $ [    ]

**Income:**

When you made the investment........    Gross    $ [    ]    Net    $ [    ]

Now...............................................    Gross    $ [    ]    Net    $ [    ]

**Net worth:**

When you made investment...............    Gross    $ [    ]    Now    $ [    ]

## Part 5.    Employment Creation Information

Number of full-time employees in the enterprise in U.S. (excluding you, your spouse, sons, and daughters)

When you made your initial investment? [        ]    Now [        ]    Difference [        ]

How many of these new jobs were created by your investment? [        ]    How many additional new jobs will be created by your additional investment? [        ]

What is your position, office, or title with the new commercial enterprise?

[                                                                                    ]

Briefly describe your duties, activities, and responsibilities.

[                                                                                    ]

What is your salary?    $ [                    ]    What is the cost of your benefits?    $ [                    ]

## Part 6.    Processing Information

Check One:

☐ The person named in **Part 1** is now in the United States, and an application to adjust status to permanent resident will be filed if this petition is approved.

☐ If the petition is approved and the person named in **Part 1** wishes to apply for an immigrant visa abroad, complete the following for that person:

Country of nationality: [                        ]

Country of current residence or, if now in the United States, last permanent residence abroad:

[                                                                                    ]

If you provided a United States address in **Part 1**, print the person's foreign address:

[                                                                                    ]

If the person's native alphabet is other than Roman letters, write the foreign address in the native alphabet:

[                                                                                    ]

Are you in deportation or removal proceedings?    ☐ Yes (Explain on separate paper)    ☐ No

Have you ever worked in the United States without permission?    ☐ Yes (Explain on separate paper)    ☐ No

## Part 7.    Signature    *Read the information on penalties in the instructions before completing this section.*

I certify, under penalty of perjury under the laws of the United States of America, that this petition and the evidence submitted with it is all true and correct. I authorize the release of any information from my records that U.S. Citizenship and Immigration Services needs to determine eligibility for the benefit I am seeking.

Signature [                                        ]    Date [                    ]

Mobile Phone Number ( [    ] ) [    ] - [        ]    E-Mail Address [                    ]

**NOTE:** *If you do not completely fill out this form or fail to the submit the required documents listed in the instructions, you may not be found eligible for the immigration benefit you are seeking and this petition may be denied.*

## Part 8.    Signature of Person Preparing Form, If Other Than Above  (Sign below)

I declare that I prepared this application at the request of the above person, and it is based on all information of which I have knowledge.

Signature [                        ]    Print Your Name [                    ]    Date [            ]

Firm Name [                                        ]    Daytime phone # with area code [                ]

Address [                                                                    ]

# XXIX.    Formulario 1-829    Petición de Emprendedor para Remover Condiciones en Residencia Permanente. (viene en 11 hojas)

**Petition by Entrepreneur to Remove Conditions on Permanent Resident Status**

**Department of Homeland Security**
U.S. Citizenship and Immigration Services

**USCIS**
**Form I-829**
OMB No. 1615-0045
Expires: 03/31/2017

| For USCIS Use Only | Received (mm/dd/yyyy) | Fee Receipt | Action Block |
|---|---|---|---|
| | Resubmitted (mm/dd/yyyy) | | |
| | Relocated (mm/dd/yyyy) | | |
| | Received (mm/dd/yyyy) | | |
| | Sent (mm/dd/yyyy) | | |
| | Petitioner Interviewed (mm/dd/yyyy) | Remarks | |
| | Immigrant Classification | | |
| | DOE/A | | |

| To be completed by an attorney or accredited representative (if any). | ☐ Select this box if Form G-28 is attached to represent the petitioner. | Attorney State Bar Number (if applicable) | Attorney or Accredited Representative USCIS ELIS Account Number (if any) |
|---|---|---|---|

▶ START HERE - Type or print legibly in black ink.

## Part 1. Information About Regional Center

1. Was the investment by the entrepreneur associated with an approved regional center?        ☐ Yes   ☐ No

If you answered "Yes" to **Item Number 1.**, please complete **Item Numbers 2.a. - 2.c.**

2.a. Name of Regional Center

2.b. Regional Center Identification Number

2.c. Receipt number for the approved Form I-924, Application For Regional Center Under the Immigrant Investor Program, upon which the related Form I-526, Immigrant Petition by Alien Entrepreneur, was based

▶

## Part 2. Basis for Petition

Select only one box.

1. ☐ I am a conditional permanent resident based on my investment in a commercial enterprise.

2. ☐ I am a conditional permanent resident who is the spouse, former spouse, or child of an entrepreneur, and I am filing separately from the entrepreneur's Form I-829.

3. ☐ I am a conditional permanent resident spouse or child of an entrepreneur who has died.

## Part 3. Information About You

1.a. Family Name (Last Name)

1.b. Given Name (First Name)

1.c. Middle Name

2. Alien Registration Number (A-Number) (if any)
   ▶ A-

3. USCIS ELIS Account Number (if any)
   ▶

4. U.S. Social Security Number (if any)
   ▶

5. Form I-526 Receipt Number on which this petition is based
   ▶

Other Names You Have Used (including maiden name, nicknames, and aliases, if any)

6.a. Family Name (Last Name)

6.b. Given Name (First Name)

6.c. Middle Name

7.a. Family Name (Last Name)

7.b. Given Name (First Name)

7.c. Middle Name

Form I-829  05/07/15  N

Page 1 of 11

## Part 3. Information About You (continued)

**Your U.S. Mailing Address**

8.a. In Care Of Name (if any)

8.b. Street Number and Name

8.c. ☐ Apt. ☐ Ste. ☐ Flr.

8.d. City or Town

8.e. State [ ] 8.f. ZIP Code

9. Is your mailing address the same as your physical address?
☐ Yes ☐ No

If your mailing address and the address where you currently live (physical address) are **not** the same, you **MUST** provide your current physical address in the **Item Numbers 10.a. - 10.h.**

**Your Physical Address**

10.a. Street Number and Name

10.b. ☐ Apt. ☐ Ste. ☐ Flr.

10.c. City or Town

10.d. State [ ] 10.e. ZIP Code

10.f. Province

10.g. Postal Code

10.h. Country

**Other Information About You**

11. Date of Birth (mm/dd/yyyy)

12. Gender ☐ Male ☐ Female

13. Country of Birth

14. Country of Citizenship or Nationality

## Criminal History

15. Since becoming a conditional permanent resident, have you **EVER** been arrested, cited, charged, indicted, convicted, fined, or imprisoned for violating any law or ordinance (excluding minor traffic violations)?
☐ Yes ☐ No

16. Since becoming a conditional permanent resident, have you **EVER** committed any crime for which you were not arrested?
☐ Yes ☐ No

If you answered "Yes" to **Item Number 15.**, you must provide certified court dispositions, arrest reports, statements of charges, indictment information, or any other charging documents that were issued. If you answered "Yes" to **Item Number 16.**, provide the date and location (town or city/state or province/country) of the events and provide an explanation in **Part 11. Additional Information**.

## Part 4. Information About Your Current Spouse or Your Former Conditional Permanent Resident Spouse

1.a. Family Name (Last Name)

1.b. Given Name (First Name)

1.c. Middle Name

2. Gender ☐ Male ☐ Female

3. A-Number (if any) ▶ A-

4. USCIS ELIS Account Number (if any) ▶

5. Date of Birth (mm/dd/yyyy)

**Other Names Used** (if applicable)

6.a. Family Name (Last Name)

6.b. Given Name (First Name)

6.c. Middle Name

7.a. Family Name (Last Name)

7.b. Given Name (First Name)

7.c. Middle Name

## Part 4. Information About Your Current Spouse or Your Former Conditional Permanent Resident Spouse (continued)

**Mailing Address**

**8.a.** Street Number and Name

**8.b.** ☐ Apt. ☐ Ste. ☐ Flr.

**8.c.** City or Town

**8.d.** State ☉    **8.e.** ZIP Code

**8.f.** Province

**8.g.** Postal Code

**8.h.** Country

**Other Information**

**9.** ☐ Current Spouse

☐ Former Conditional Permanent Resident Spouse

**10.** Date of Marriage   (mm/dd/yyyy)

**11.** Date Marriage Terminated (mm/dd/yyyy)

**12.** Is this spouse currently living with you? ☐ Yes ☐ No

**13.** Is this spouse applying with you? ☐ Yes ☐ No

**14.** Current Immigration Status (for example, conditional resident, tourist/visitor, entered without inspection)

**15.** Is the current immigration status of your spouse or former spouse based on your current immigration status?
☐ Yes ☐ No

**NOTE:** If you have both a current spouse and a former conditional permanent resident spouse, use **Part 11. Additional Information** to provide this same information about your current spouse or former conditional permanent resident spouse who you did not already include in **Part 4.** above.

## Part 5. Information About Your Children

Provide the following information about your children.

**Child 1**

**1.a.** Family Name (Last Name)

**1.b.** Given Name (First Name)

**1.c.** Middle Name

**2.** Gender ☐ Male ☐ Female

**3.** A-Number (if any)
▶ A-

**4.** USCIS ELIS Account Number (if any)
▶

**5.** Date of Birth   (mm/dd/yyyy)

**Other Names Used** (if applicable)

**6.a.** Family Name (Last Name)

**6.b.** Given Name (First Name)

**6.c.** Middle Name

**Mailing Address**

**7.a.** Street Number and Name

**7.b.** ☐ Apt. ☐ Ste. ☐ Flr.

**7.c.** City or Town

**7.d.** State ☉    **7.e.** ZIP Code

**7.f.** Province

**7.g.** Postal Code

**7.h.** Country

**8.** Is this child currently living with you? ☐ Yes ☐ No

**9.** Is this child applying with you? ☐ Yes ☐ No

**10.** Current Immigration Status (for example, conditional resident, tourist/visitor, entered without inspection)

## Part 5. Information About Your Children (continued)

### Child 2

**11.a.** Family Name (Last Name)

**11.b.** Given Name (First Name)

**11.c.** Middle Name

**12.** Gender ☐ Male ☐ Female

**13.** A-Number (if any)
▶ A-

**14.** USCIS ELIS Account Number (if any)
▶

**15.** Date of Birth (mm/dd/yyyy)

**Other Names Used** (if applicable)

**16.a.** Family Name (Last Name)

**16.b.** Given Name (First Name)

**16.c.** Middle Name

**Mailing Address**

**17.a.** Street Number and Name

**17.b.** ☐ Apt. ☐ Ste. ☐ Flr.

**17.c.** City or Town

**17.d.** State ☐ **17.e.** ZIP Code

**17.f.** Province

**17.g.** Postal Code

**17.h.** Country

**18.** Is this child currently living with you? ☐ Yes ☐ No

**19.** Is this child applying with you? ☐ Yes ☐ No

**20.** Current Immigration Status (for example, conditional resident, tourist/visitor, entered without inspection)

### Child 3

**21.a.** Family Name (Last Name)

**21.b.** Given Name (First Name)

**21.c.** Middle Name

**22.** Gender ☐ Male ☐ Female

**23.** A-Number (if any)
▶ A-

**24.** USCIS ELIS Account Number (if any)
▶

**25.** Date of Birth (mm/dd/yyyy)

**Other Names Used** (if applicable)

**26.a.** Family Name (Last Name)

**26.b.** Given Name (First Name)

**26.c.** Middle Name

**Mailing Address**

**27.a.** Street Number and Name

**27.b.** ☐ Apt. ☐ Ste. ☐ Flr.

**27.c.** City or Town

**27.d.** State ☐ **27.e.** ZIP Code

**27.f.** Province

**27.g.** Postal Code

**27.h.** Country

**28.** Is this child currently living with you? ☐ Yes ☐ No

**29.** Is this child applying with you? ☐ Yes ☐ No

**30.** Current Immigration Status (for example, conditional resident, tourist/visitor, entered without inspection)

## Part 5. Information About Your Children (continued)

**Child 4**

**31.a.** Family Name
(Last Name)

**31.b.** Given Name
(First Name)

**31.c.** Middle Name

**32.** Gender ☐ Male ☐ Female

**33.** A-Number (if any)
▶ A-

**34.** USCIS ELIS Account Number (if any)
▶

**35.** Date of Birth (mm/dd/yyyy)

**Other Names Used** (if applicable)

**36.a.** Family Name
(Last Name)

**36.b.** Given Name
(First Name)

**36.c.** Middle Name

**Mailing Address**

**37.a.** Street Number
and Name

**37.b.** ☐ Apt. ☐ Ste. ☐ Flr.

**37.c.** City or Town

**37.d.** State ☐ **37.e.** ZIP Code

**37.f.** Province

**37.g.** Postal Code

**37.h.** Country

**38.** Is this child currently living with you? ☐ Yes ☐ No

**39.** Is this child applying with you? ☐ Yes ☐ No

**40.** Current Immigration Status (for example, conditional resident, tourist/visitor, entered without inspection)

If you need extra space to list additional children, use the space provided in **Part 11. Additional Information** or attach a separate sheet of paper; type or print your name and A-Number (if any) at the top of each sheet; indicate the **Page Number**, **Part Number**, and **Item Number** to which your answer refers; and sign and date each sheet.

## Part 6. Your Biographic Information

**1.** Ethnicity (Select **only one** box)
☐ Hispanic or Latino
☐ Not Hispanic or Latino

**2.** Race (Select **all applicable** boxes)
☐ White
☐ Asian
☐ Black or African American
☐ American Indian or Alaska Native
☐ Native Hawaiian or Other Pacific Islander

**3.** Height     Feet ☐ Inches ☐

**4.** Weight     Pounds ☐ ☐ ☐

**5.** Eye Color (Select **only one** box)
☐ Black   ☐ Blue   ☐ Brown
☐ Gray    ☐ Green  ☐ Hazel
☐ Maroon  ☐ Pink   ☐ Unknown/Other

**6.** Hair Color (Select **only one** box)
☐ Bald (No hair)  ☐ Black  ☐ Blond
☐ Brown           ☐ Gray   ☐ Red
☐ Sandy           ☐ White  ☐ Unknown/Other

## Part 7. Information About the New Commercial Enterprise (NCE)

### Type of Enterprise

**1.** ☐ NCE formed after November 29, 1990.

**2.** ☐ NCE resulting from the purchase of a business, formed on or before November 29, 1990, that has been restructured or reorganized.

**3.** ☐ NCE resulting from a capital investment in, and substantial expansion of, a business formed on or before November 29, 1990.

## Part 7. Information About the New Commercial Enterprise (NCE) (continued)

### Additional Information About the NCE

4. Name of the NCE

**Physical Address**

5.a. Street Number and Name

5.b. ☐ Apt. ☐ Ste. ☐ Flr.

5.c. City or Town

5.d. State ☐ 5.e. ZIP Code

6. Telephone Number

7. Internet Web site Address (if established)

8. Type of Business Organization (for example, corporation, limited liability company, partnership)

9. Nature of Business (for example, furniture manufacturer)

10. Included Industries (select North American Industry Classification System (NAICS) code or codes)

11. IRS Tax Identification Number

12. Date Business Established
(mm/dd/yyyy)

13. Amount of the Entrepreneur's **Initial** Investment in the NCE
$

14. Date of the Entrepreneur's **Initial** Investment
(mm/dd/yyyy)

15. What percentage of the NCE does the entrepreneur own?

16. Is this petition based on investment in a troubled business?
☐ Yes ☐ No

**Subsequent Investments in the NCE**

Provide the following information about how much the entrepreneur has invested in the NCE since the entrepreneur's **initial** investment.

17.a. Date of Subsequent Investment
(mm/dd/yyyy)

17.b. Amount of Subsequent Investment $

17.c. Type of Subsequent Investment (for example, cash, equipment, inventory, other tangible property, cash equivalents, or qualifying indebtedness as described in 8 CFR 204.6(e))

**NOTE:** If multiple investments have been made since the entrepreneur's **initial** investment in the commercial enterprise, use **Part 11. Additional Information** to list the dates, amounts, and type of investments.

**Full-time Positions and Qualifying Employees**

Provide the number of full-time positions for direct and qualifying employees in the NCE in the United States (excluding you, your spouse, and your children):

18.a. At the time of the Entrepreneur's **Initial** Investment

18.b. Currently Employed in the NCE

**Job Creation**

19.a. How many new direct jobs did the entrepreneur's investment create?

19.b. How many new direct jobs will the entrepreneur's investment create within a reasonable amount of time after filing this petition?

20.a. If the NCE is associated with an approved regional center, how many indirect jobs were created?

20.b. If the NCE is associated with an approved regional center, how many indirect jobs will the NCE create within a reasonable amount of time after filing this petition?

21. If the investment was made into a troubled business, how many jobs were maintained as a result of the investment?

## Part 7. Information About the New Commercial Enterprise (NCE) (continued)

### Gross and Net Incomes

Provide the gross and net incomes generated annually by the commercial enterprise since the entrepreneur's **initial** investment. Include all income generated in the present year to date.

**22.a.** Year (yyyy)

**22.b.** Gross Income $

**22.c.** Net Income $

---

**23.a.** Year (yyyy)

**23.b.** Gross Income $

**23.c.** Net Income $

---

**24.a.** Year (yyyy)

**24.b.** Gross Income $

**24.c.** Net Income $

---

**25.** Has the commercial enterprise filed for bankruptcy, ceased business operations, materially changed the nature of the business, or made any changes in its organization or ownership since the date of the entrepreneur's **initial** investment? ☐ Yes ☐ No

**26.** Has the commercial enterprise sold any corporate assets, shares, or property, or had any capital withdrawn since the date of the entrepreneur's **initial** investment? ☐ Yes ☐ No

**NOTE:** If you answered "Yes" to **Item Number 25.** or **26.**, provide an explanation in **Part 11. Additional Information.**

**27.** Provide the total number of EB-5 investors associated with the NCE.

**28.** Provide the total amount of EB-5 capital invested into the NCE.

If you need extra space to provide additional information for any item in **Part 7.**, use the space provided in **Part 11. Additional Information** or attach a separate sheet of paper; type or print your name and A-Number (if any) at the top of each sheet; indicate the **Page Number**, **Part Number**, and **Item Number** to which your answer refers; and sign and date each sheet.

## Part 8. Petitioner's Statement, Contact Information, Acknowledgement of Appointment at USCIS Application Support Center, Certification, and Signature

**NOTE:** Read the information on penalties in the **Penalties** section of the Form I-829 Instructions before completing this part.

### Petitioner's Statement

**NOTE:** Select the box for either **Item Number 1.a.** or **1.b.** If applicable, select the box for **Item Number 2.**

**1.a.** ☐ I can read and understand English, and have read and understand every question and instruction on this petition, as well as my answer to every question. I have read the **Acknowledgement of Appointment at USCIS Application Support Center.**

**1.b.** ☐ The interpreter named in **Part 9.** has read every question and instruction on this petition, as well as my answer to every question, in

_____ ,

a language in which I am fluent. I understand every question and instruction on this petition as translated to me by my interpreter, and have provided complete, true, and correct responses in the language indicated above. The interpreter named in **Part 9.** has also read the **Acknowledgement of Appointment at USCIS Application Support Center** to me, in the language in which I am fluent, and I understand this Application Support Center (ASC) Acknowledgement as read to me by my interpreter.

**2.** ☐ I have requested the services of and consented to

_____ ,

who ☐ is ☐ is not an attorney or accredited representative, in preparing this petition for me. This person who assisted me in preparing my petition has reviewed the **Acknowledgement of Appointment at USCIS Application Support Center** with me, and I understand the ASC Acknowledgement.

### Petitioner's Contact Information

**3.** Petitioner's Daytime Telephone Number

**4.** Petitioner's Mobile Phone Number (if any)

**5.** Petitioner's Email Address (if any)

**Part 8. Petitioner's Statement, Contact Information, Acknowledgement of Appointment at USCIS Application Support Center, Certification, and Signature** (continued)

### Acknowledgement of Appointment at USCIS Application Support Center

I, [                                        ],

understand that the purpose of a USCIS ASC appointment is for me to provide fingerprints, photograph, and/or signature and to re-affirm that all of the information in my petition is complete, true, and correct and was provided by me. I understand that I will sign my name to the following declaration which USCIS will display to me at the time I provide my fingerprints, photograph, and/or signature during my ASC appointment.

*By signing here, I declare under penalty of perjury that I have reviewed and understand my application, petition, or request as identified by the receipt number displayed on the screen above, and all supporting documents, applications, petitions, or requests filed with my application, petition, or request that I (or my attorney or accredited representative) filed with USCIS, and that all of the information in these materials is complete, true, and correct.*

I also understand that when I sign my name, provide my fingerprints, and am photographed at the USCIS ASC, I will be re-affirming that I willingly submit this petition; I have reviewed the contents of this petition; all of the information in my petition and all supporting documents submitted with my petition were provided by me and are complete, true, and correct; and if I was assisted in completing this petition, the person assisting me also reviewed this **Acknowledgement of Appointment at USCIS Application Support Center** with me.

### Petitioner's Certification

Copies of any documents I have submitted are exact photocopies of unaltered, original documents, and I understand that USCIS may require that I submit original documents to USCIS at a later date. Furthermore, I authorize the release of any information from any and all of my records that USCIS may need to determine my eligibility for the immigration benefit that I seek.

I furthermore authorize release of information contained in this petition, in supporting documents, and in my USCIS records, to other entities and persons where necessary for the administration and enforcement of U.S. immigration laws.

I certify, under penalty of perjury, that the information in my petition and any document submitted with my petition were provided by me and are complete, true and correct.

### Petitioner's Signature

6.a. Petitioner's Signature

6.b. Date of Signature (mm/dd/yyyy)

**NOTE TO ALL PETITIONERS:** If you do not completely fill out this petition or fail to submit required documents listed in the instructions, your petition may be denied.

**Part 9. Interpreter's Certification, Contact Information, and Signature**

Provide the following information about the interpreter.

### Interpreter's Full Name

1.a. Interpreter's Family Name (Last Name)

1.b. Interpreter's Given Name (First Name)

2. Interpreter's Business or Organization Name (if any)

### Interpreter's Mailing Address

3.a. Street Number and Name

3.b. ☐ Apt. ☐ Ste. ☐ Flr.

3.c. City or Town

3.d. State    3.e. ZIP Code

3.f. Province

3.g. Postal Code

3.h. Country

### Interpreter's Contact Information

4. Interpreter's Daytime Telephone Number

5. Interpreter's Email Address (if any)

### Part 9. Interpreter's Certification, Contact Information, and Signature (continued)

#### Interpreter's Certification

**I certify that:**

I am fluent in English and [_____], which is the same language provided in **Part 8., Item Number 1.b.**;

I have read to this petitioner every question and instruction on this petition, as well as the answer to every question, in the language provided in **Part 8., Item Number 1.b.**; and

I have read the **Acknowledgement of Appointment at USCIS Application Support Center** to the petitioner in the same language provided in **Part 8., Item Number 1.b.**

The petitioner has informed me that he or she understands every instruction and question on the petition, as well as the answer to every question, and the petitioner verified the accuracy of every answer; and

The petitioner has also informed me that he or she understands the ASC Acknowledgement and that by appearing for a USCIS ASC biometric services appointment and providing his or her fingerprints, photograph, and/or signature, he or she is re-affirming that the contents of this petition and all supporting documentation are complete, true, and correct.

#### Interpreter's Signature

**6.a.** Interpreter's Signature [_____]

**6.b.** Date of Signature (mm/dd/yyyy) [_____]

### Part 10. Contact Information, Statement, Certification, and Signature of the Person Preparing this Petition, If Other Than the Petitioner

Provide the following information about the preparer.

#### Preparer's Full Name

**1.a.** Preparer's Family Name (Last Name) [_____]

**1.b.** Preparer's Given Name (First Name) [_____]

**2.** Preparer's Business or Organization Name (if any) [_____]

#### Preparer's Mailing Address

**3.a.** Street Number and Name [_____]

**3.b.** ☐ Apt. ☐ Ste. ☐ Flr. [_____]

**3.c.** City or Town [_____]

**3.d.** State [____] **3.e.** ZIP Code [_____]

**3.f.** Province [_____]

**3.g.** Postal Code [_____]

**3.h.** Country [_____]

#### Preparer's Contact Information

**4.** Preparer's Daytime Telephone Number [_____]

**5.** Preparer's Fax Number (if any) [_____]

**6.** Preparer's Email Address (if any) [_____]

#### Preparer's Statement

**7.a.** ☐ I am not an attorney or accredited representative but have prepared this petition on behalf of the petitioner and with the petitioner's consent.

**7.b.** ☐ I am an attorney or accredited representative and my representation of the petitioner in this case ☐ extends ☐ does not extend beyond the preparation of this petition.

**NOTE:** If you are an attorney or accredited representative whose representation extends beyond preparation of this petition, you must submit a completed Form G-28, Notice of Attorney or Accredited Representative, with this petition.

**Part 10. Contact Information, Statement, Certification, and Signature of the Person Preparing this Petition, If Other Than the Petitioner** (continued)

### Preparer's Certification

By my signature, I certify, swear, or affirm, under penalty of perjury, that I prepared this petition on behalf of, at the request of, and with the express consent of the petitioner. I completed this petition based only on responses the petitioner provided to me. After completing the petition, I reviewed it and all of the petitioner's responses with the petitioner, who agreed with every answer on the petition. If the petitioner supplied additional information concerning a question on the petition, I recorded it on the petition. I have also read the **Acknowledgement of Appointment at USCIS Application Support Center** to the petitioner and the petitioner has informed me that he or she understands the ASC Acknowledgement.

### Preparer's Signature

**8.a.** Preparer's Signature

**8.b.** Date of Signature (mm/dd/yyyy)

## Part 11. Additional Information

If you need extra space to provide any additional information within this petition, use the space below. If you need more space than what is provided, you may make copies of this page to complete and file with this petition or attach a separate sheet of paper. Include your name and A-Number (if any) at the top of each sheet; indicate the **Page Number**, **Part Number**, and **Item Number** to which your answer refers; and sign and date each sheet.

**1.a.** Family Name (Last Name)

**1.b.** Given Name (First Name)

**1.c.** Middle Name

**2.** A-Number (if any)

▶ A-

**3.a.** Page Number   **3.b.** Part Number   **3.c.** Item Number

**3.d.**

**4.a.** Page Number   **4.b.** Part Number   **4.c.** Item Number

**4.d.**

**5.a.** Page Number   **3.b.** Part Number   **5.c.** Item Number

**5.d.**

**6.a.** Page Number   **6.b.** Part Number   **6.c.** Item Number

**6.d.**

**7.a.** Petitioner's Signature

**7.b.** Date of Signature   (mm/dd/yyyy)

# XXX.    Formulario I-3032 Designación de Agente

Place Case Barcode Strip Here Before Mailing to the National Visa Center

**U.S. Department of State**
**CHOICE OF ADDRESS AND AGENT**
For Immigrant Visa Applicants
Print or Type your Full Name

_____ _____ _____
(Last Name)                              (First Name)                              (MI.)

Check one box only to the left of the statement that is your choice.

[ ] **I Appoint** _____          _____
                                                                                  Telephone Number

**as my agent or attorney to receive mail about my application. Mail from the U.S. Department of State concerning my immigrant visa application should be sent to:**

_____                              _____
Name of the person who will act as your agent or attorney for receipt of mail          Telephone Number

_____                              _____
Street Address  (where my agent or attorney will receive mail about my application)          *Email Address

_____ _____ _____ _____
City                              State/Province                              Postal Code                              Country

[ ] **I do not appoint an agent or an attorney to receive mail about my application. Mail from the U.S. Department of State concerning my immigrant visa application should be sent to me at:**

_____                              _____
Street Address (Include "in care of" if Needed)                              *Email Address

_____ _____ _____ _____
City                              State/Province                              Postal Code                              Country

[ ] **I have already legally immigrated to the U.S. and do not need to apply for an immigrant visa. I received my Green Card through the** _____ **(City) USCIS office. My A# is**

_____ .

[ ] **I no longer wish to apply for an immigrant visa.**

**As proof of your choice, sign and date this document:**

_____                              _____
Signature of Applicant                              Date of Signature (mm-dd-yyyy)